投资改变人生

那些滚雪球的人

[第二辑]

雪球◎编著

INVESTING
CHANGES
YOUR LIFE

中国经济出版社
CHINA ECONOMIC PUBLISHING HOUSE
北京

图书在版编目（CIP）数据

投资改变人生：那些滚雪球的人．第二辑 / 雪球编著．--北京：中国经济出版社，2022.8（2023.11重印）

ISBN 978-7-5136-7067-8

Ⅰ．①投… Ⅱ．①雪… Ⅲ．①投资-通俗读物 Ⅳ．①F830.59-49

中国版本图书馆 CIP 数据核字（2022）第 153862 号

策划编辑　燕丽丽
责任编辑　赵嘉敏
责任印制　马小宾
封面设计　久品轩

出版发行　中国经济出版社
印 刷 者　北京富泰印刷有限责任公司
经 销 者　各地新华书店
开　　本　710mm×1000mm　1/16
印　　张　14.5
字　　数　160 千字
版　　次　2022 年 8 月第 1 版
印　　次　2023 年 11月第 2 次
定　　价　59.00 元
广告经营许可证　京西工商广字第 8179 号

中国经济出版社 **网址** www.economyph.com **社址** 北京市东城区安定门外大街 58 号 **邮编** 100011
本版图书如存在印装质量问题，请与本社销售中心联系调换（联系电话：010-57512564）

投资无法改变你人生的起点
但可以使你到达不同的终点

序言
PREFACE

交流让投资更愉快

方三文／雪球创始人、董事长

在用户看来，我是一个长年待在雪球上的人。

我在雪球上发帖。几年时间，我写了几百万字的帖子。

我在雪球上直播。

我在雪球上向别人提问，也回答别人的提问。每天我大概要回答10～20个问题，一年下来，应该回答了几千个千奇百怪的问题。

我在雪球上管理投资组合和私募基金。

很多人问，你为什么老泡在雪球里？

我一般的回答是：寂寞呀。

确实是这么回事，生活是寂寞的，投资更加寂寞。在现实生活中，找到人交流投资类的问题，非常困难。雪球这样的投资社区，既使投资交流这件事的门槛极大降低了，也使投资中的寂寞得到很大程度的缓解。而交流中，内容超过狭义的投资，又是非常正常的现象。我不认为这些交流是没有意义的。对世界的认知、对人性的认知，跟投资的关系是极为密切而深刻的。

其实呢，我觉得，除了缓解寂寞之外，交流更具有实用方面的巨大价值。投资需要不停地拓展和加深自己对公司、行业、商业的看法。单个人都是信息的孤岛，拥有信息的绝对量是非常少的。但是，因为天生禀赋和阅历积累的不同，每个人也拥有独一无二的信息优势。对于别人来说“脑洞大开”的信息和观点，对于当事人来说，也许是用脚趾头就能想明白的常识。能够把这种单个人的信息优势组合起来，对认知拓展的威力是巨大的。雪球这样的投资者社区，就起到这个组织作用。我在使用雪球的过程中，经常有这样的感慨，对我最有价值的信息、最有启发的观点，通常都来自我的预期之外。那些传统意义上的认知权威，价值远远比预期小；而那些不确定的信息源，却经常提供了意想不到的价值。

我想，这是我使用雪球的动力，也是用户使用雪球的动力。

投资是一生的修行，关于投资的故事不断在上演，投资者在雪球的交流也从未停止。2022 年，我们为大家带来新的“投资改变人生”的故事，希望通过展现身份更加多样化的投资者故事，让读者感受不同的滚雪球人生，从而产生一些启发与共鸣。

另外，我们在 2021 年版的基础上，修订了行文标准，使得文风更加统一、可读性更强。希望大家能读得愉快。

目录
CONTENTS

进阶之旅

投资是一场自我修行

非凡之旅

投资是平凡生活的护城河

挚爱之旅

投资可抵岁月长

价值之旅

投资如灯塔般照亮人生

投资是一场精彩绝伦的旅程。

在这段旅途中，他们又有怎样的体验？

从投资自己到投资社会，

他们收获了人生的价值，找寻到生命的意义。

循着这束光，看他们如何点亮人生。

我选择用投资的广度取胜

持有封基

投资笔记

在我看来，目前可转债与普通基金、股票相比，具有三重优势：

第一，可转债对应的正股属于相对小市值，和国证 2000 的关联度最大，而国证 2000 的估值大概在历史估值水平的 30%，而且是宽基指数里唯一站上半年线和年线的（数据截至 2021 年 3 月）。

第二，相对于正股，可转债就是一只可以合法"出老千"的"变色龙"。"出老千"的意思是下调转股价，相当于购买的股票下跌后可以多次反悔；"变色龙"是说它涨势像股票，跌势像债券。

第三，如果可转债的数量较多，投资者采用多因子轮动策略可以长期跑赢可转债的平均收益。

引言 人活着不是为了做投资，但投资一定是为了满足更好的生活。更好的生活是怎样的呢？是实现资金的保值增值？是实现财富自由？还是已经不再局限于马斯洛所说的人类底层需求，转而追寻更高层次的自我实现？@持有封基是一位“投资链顶端”的强者，曾深陷抑郁，是家人的包容和关怀，让他慢慢重拾对生活的信心，不断拓展生命的广度。投资近16年，他经历过人生低谷，也迎来过高光时刻。现在的他想要将投资中的所得所悟反馈给社会。

除了实现“肉包子自由”，投资带我找到了更大的目标

我叫金伟民，生于1958年，目前已经退休。回顾我之前的生活，我人生每个阶段的目标都在随着环境的变化而改变。

幼年时我的目标是实现“肉包子自由”；中学毕业去念技校，目标是退休前能拿到3位数的工资；20世纪80年代初，计算机开始兴起，我对编程如痴如醉，当时的目标是研发一个没有漏洞的软件；1992年，我开始下海经商，那时物质条件不丰裕，我的目标是通过经商改变自己的命运，但勉强维持3年后，以失败告终。

之后的20多年应该是我财富积累最快的时间，本职工作和投资双管齐下，带来的是加速效应，特别是2007—2016年这10年，我的收益正好增加了10倍。我对大部分年轻的职场人士的建议是：工作和投资齐头并进，职业投资只适合少部分人。

雪球上关注我的朋友应该知道，我曾有过一段和抑郁症抗争的经历。2015年上半年，在股市行情最好的时候，我选择了空仓。当时最

大的支持和关心来自家人和朋友，有了他们的关心和照顾，我的病情逐渐缓解，而这些包容和关怀也成了我投资中重要的组成部分。

转折出现在2015年下半年，当时股市多次大面积跌停，很多在上半年赚了大钱的投资者，在下半年不仅把利润吐了出来，还出现了亏损。正好我的病情略微稳定，看到了这个现象，也关注到当时出现的一个投资品种：分级基金。得益于较好的数学底子，我设计了分级A的轮动模型，在2015年下半年上证指数暴跌17%的情况下，靠分级A的轮动取得了24%的收益率。虽然这个收益率在当时做分级A的圈子里很平常，但是却和当时哀鸿遍野的市场形成了鲜明的对比。

重新做投资转移了我的注意力，也让我重新认可自己。我通过输出自己的经历、观点，重新建立起和世界的联系，也得到了越来越多的人的认可。谢百三老师还在世的时候，他的学生曾把我关于分级A的文章分享给他，他还托学生专门请我吃了一顿饭，请教关于分级A轮动的事情。2016年谷歌阿尔法狗战胜当时的围棋第一人李世石，一时间量化基金大热，当时市场上缺少一些通俗易懂的关于量化投资的文章，所以我也在这个时候得到了更多的关注，认识了很多雪球上的朋友。

始于封基，不断追寻最优策略

我的个人投资始于封闭式基金（封基），几十年前我买了一次股票认购证，中了一只上海石化，但亏损了，当时觉得是自己运气不好，所以之后好多年都没碰股票。一次偶然的机会，银河证券胡立峰老师一篇关于封基的文章，让我对投资产生了新的想法。于是我在2006年年底开始用量化管理的方法做封基投资，2007年一整年满仓轮动，最终取得了

180% 的收益率，大家应该对我的“持有封基”这个名字更熟悉了。

其实对于普通人来说，做封基投资最重要的是建立量化思维模式，即要在全市场做比较，找寻最优品种和最优策略。这种轮动一般以年度为单位，不宜反复变化策略，而个股、个债的轮动一般以半个月到一个月左右为宜。举个例子，2021 年我为什么清仓茅台换成可转债？当时茅台价格是 2000 元左右，最高到过 2600 元，就算涨到 2600 元也只是涨 30%，而且概率很小，因为已经有很多筹码堆积在顶部了。但我做可转债的多因子模型，从 2018 年大熊市开始，年化收益率在 70% 左右，保守打个对折也有 35%，依然优于茅台。

后来我在投资广度上花费了大量的精力和时间。在建立了可转债的多因子轮动策略后，我在 2000 元左右时清仓了茅台，毫不犹豫地满仓换入可转债。2021 年我的年化收益率达到 42%，而这样的收益率在可转债投资圈里最多算得上及格。

不过谁投资没失败过呢？最近两年，我认为自己最失败的投资案例应该就是投资华夏幸福债券。买债券这么多年，我一直没踩过雷，前几年很多人买债券踩雷的时候，我也能保持“不败金身”，偏偏轮动到华夏债券的时候“暴雷”了。常在河边走，哪有不湿鞋，好在我分散投资，影响也不大。我告诫自己，当盘面已经能看出迹象的时候，要勇于割肉，因此后来恒大债券出现类似情况的时候，我就勇敢割肉退出了。

不断拓宽能力圈，用投资广度取胜

大家都说要坚守自己的能力圈，但我觉得拓宽自己的能力圈更重要。我的策略是用投资的广度来替代深度。

在投资股票和可转债时，我采用量化思想。一个人的精力是有限的，任何投资最终都是胜率、赔率和时间的组合。2018—2020年，我投资赛道股不是很理想，2021年投资可转债做得也不是特别好，但把这两个领域的收益相加，看起来还不错。2007年到现在，在超过15年的投资生涯里，我获得了23倍多的收益率，超过了同期最好的公募基金。

表1是截至2022年3月1日我的收益率及主要持有的品种。

表1　截至2022年3月1日的收益率及主要投资品种

	实盘收益率	沪深300收益率	差额	主要品种
2007年	180.00%	161.55%	18.45%	封基
2008年	-20.00%	-65.95%	45.95%	分离债
2009年	18.00%	96.71%	-78.71%	分离债
2010年	29.00%	-12.51%	41.51%	封基
2011年	5.16%	-25.01%	30.17%	债券
2012年	6.97%	7.55%	-0.58%	封基
2013年	9.73%	-7.65%	17.38%	封基
2014年	72.47%	51.66%	20.81%	债券
2015年	24.00%	5.58%	18.42%	分级A
2016年	18.96%	-11.28%	30.24%	小市值
2017年	4.63%	21.78%	-17.15%	小市值
2018年	-27.43%	-25.31%	-2.12%	白马
2019年	55.15%	36.07%	19.08%	白马
2020年	36.49%	27.21%	9.28%	白马
2021年	42.13%	-5.20%	47.33%	可转债
截至2022年3月1日	-0.91%	-6.49%	5.58%	可转债
累计收益率	2324.91%	126.34%	2198.57%	—
年化收益率	23.40%	5.54%	17.86%	—

熟悉我的朋友都知道，我有2年跑输指数特别多，2009年跑输

78.71%，2017年跑输17.15%，主要原因是沿用了上一年大幅度跑赢指数的策略，所以投资者采用以年度为单位的反思策略是非常必要的。尽管在2022年我还是采用可转债的策略，但我也时刻关注是否还有更好的策略可以进行替代。

在我看来，目前可转债与普通基金、股票相比，具有三重优势：

第一，可转债对应的正股属于相对小市值，和国证2000的关联度最大，而国证2000的估值大概在历史估值水平的30%，而且是宽基指数里唯一站上半年线和年线的（数据截至2021年3月）。

第二，相对于正股，可转债就是一只可以合法"出老千"的"变色龙"。"出老千"的意思是下调转股价，相当于购买的股票下跌后可以多次反悔；"变色龙"是说它涨势像股票，跌势像债券。

第三，如果可转债的数量较多，投资者采用多因子轮动策略可以长期跑赢可转债的平均收益。

从投资自己到投资社会

投资带给我的不只是收益，更宝贵的是它贯穿于我的生活，把我从曾经的恶性循环中拉了出来。它使我逐渐摆脱病症的桎梏，成为我与世界保持良好沟通的桥梁，让我恢复了自信和正常的生活，我也因为它获得了一些关注和认可。

当我完全走出抑郁症的阴影、减少对自己的关注、融入一个更有趣的世界时，我开始思考如何回报这个世界。退休之后，我有更多的机会分享我的投资理念，通过互联网和更多的人交流，似乎比之前更忙碌了。我们这一代人对物质生活要求不高，这些年我写文章的目的不是商业化。于我而言，这不是一个单向输出，我的总结复盘、大家的反馈，对我也是一种提升。当我把更多的注意力放在这个大千世界并愿意为其付出的时候，上苍不也给了我最好的回报吗？

投资不仅让我的“小生活”变得更美好，也让我在“大生活”中体会人生更高层面的愉悦。退休后我一边投资，一边回想这一辈子还有什么遗憾：一是当年受环境影响没能就读全日制高校；二是我从小在外婆家长大，和父母聚少离多，父母生前一直都在匿名捐款，既然我现在有了这个条件，也想在他们生前执教的河北师范大学设立奖学金，帮助更多的学生。

2015 年，我和学校联系后，在化学与材料科学学院设立了“化成奖”，至今已经颁发 7 年，累计奖励 60 位品学兼优的同学。之所以没用我父母的名字，也是遵循他们生前匿名捐款的心愿。奖项名字取自《周易》，“圣人久于其道，而天下化成”，意思是圣人持久效法天地规律，培养成就天下人才。

每年我都会参加学校的颁奖仪式，就像在雪球上跟大家分享一样。每次我也会跟大学生们做一次深度交流，谈谈生活、职场、方法论等。作为过来人，我和现在的年轻人聊天时，一直强调：做投资，首先不要太功利，其次一定要坚持学习，今后会发生各种各样无法预测的事情，要提高自己在任何情况下都能灵活转变并适应的能力。

投资中最开心的事就是大家认可我的分享，并因此而赚到钱，这比我自己赚到钱都开心。在这个“大生活”里，我会尽自己所能去回报这个社会，不枉来这个世界走一遭。

诞于熊市多敬畏，坚守成长少迟疑

中欧瑞博吴伟志

投资笔记

首先，我的投资理念包含两个方面：一方面，我与伟大的企业共同成长，深耕基本面研究，自下而上精选个股；另一方面，在面对市场波动时，坚持尊重趋势、策略适配，自上而下确定仓位策略、配置策略。选择优质的企业是必要的，资质不好的企业，一秒钟都不要浪费，它们才是最大的风险点。而策略适配、尊重趋势，是对市场的尊重。

其次，我的资产投向的框架是“成长投资为主、价值投资为补充”。基于追求确定性、管理规模上升等因素，我对企业增速的容忍度会提高，但对成长本身的追求，的确是融在中欧瑞博的基因里的。

引言 吴伟志这个名字，或许大家都不陌生。他是中国证券市场最早的一批从业者。他既是中欧瑞博这家成立15年的“私募常青树”的掌门人，也是中国私募奥斯卡“金牛奖”的常客。他的背后，是一段近30年的证券从业经历！

入市前十年，我收获三个道理

我是潮汕人。1993年大学毕业后，我进入证券行业，在联合证券深圳赛格营业部工作。在那个上交所才刚开业两年的时代，市场中还是以技术分析为主，资金投机性比较强，价值分析的土地还极其贫瘠。我的大学毕业论文写的就是《股市的技术分析》，由此可见一斑。但不管怎么说，那个时候的我已经对股市产生了极其浓厚的兴趣！至今快30年了，这一点依然没有变化。

我的职业生涯起步是非常不错的。进入公司不到一周的时间，我就被领导安排去做自营业务。可以管钱，这对于一个刚踏入社会的大学生来说，是很难得的机会！我常说，这好比一个战士，刚进部队，枪还不会用，直接就被派上前线了。这让我倍感压力，也正因如此，我才得到了重压下的锻炼。

在我入行的前两年，整个市场处于熊市之中，买什么都跌，指数级别的最大回撤竟然在70%左右。也正因如此，我从一开始就对风险极其厌恶。我现在的公司中欧瑞博的英文名是rabbit - fund，也就是兔子基金。兔子这种柔弱的小动物，正是依靠良好的风险管理，时刻竖起耳朵，保持警觉，才得以在自然界中生存。公司名字背后敬畏风险的投资文化，成为我职业生涯最初的烙印。这是我入市前十年的第一个收获。

1996 年市场触底之后，指数开始了一拨比较有力量的上涨。但因为我过于敬畏风险，经常是买的股票稍有上涨就卖出止盈，所以那段时间里，我虽然赚了钱，但操作上并不尽如人意。倒是这期间我服务的一位大客户的操作，引起了我深深的反思。

他在市场较为底部的位置，买入了四川长虹和深发展这两只股票，各占一半的仓位。在股票整个上涨过程中，我和他通了 30 多次电话，分享对市场的看法。自始至终，他都没有卖出股票。直到有一天，他主动联系我，要卖出这两个标的。我打开账户时被震撼到了：他已经收获了高达 7 ~ 8 倍的收益。

这让我明白：原来买入质地优良的好企业，从牛市初期持有到牛市尾部，竟有如此大的威力。这也构成了公司策略框架的一部分，即策略适配——牛市有牛市的操作策略和思路，熊市有熊市的操作策略和思路，很难有一种策略，可以在各个环境通吃。这也成了日后公司平台组织框架的底层思维之一。而策略适配是我入市前十年的第二个收获。

进入 21 世纪，我从业的年头接近十年了。蓦然反思，我虽然进步很大，但没怎么赚钱。在那位大客户成功投资经历的启发下，叠加我在读书过程中对基本面投资理念的逐渐认可，我从技术分析派转向基本面投资派。这是我入市前十年的第三个收获，也是最重要的一个收获。

我之所以读足够多的有关基本面投资的书，很大程度上源于前文所述的“一出校门就要管钱”的状况。人生就是这么奇妙，十年后的转变可能与十年前的际遇密切相关。

个人理念碰撞历史的进程，我创立了中欧瑞博

投向基本面投资一派，我的首战是比较成功的。

2003 年年初，基于对茅台价值的认知，我开始投资茅台。我本身和茅台还是有些缘分的。父亲比较好客，也比较喜欢喝酒，在我六七岁的时候就跟我讲，这是中国最好的酒。当时他大概花了一个月工资的 1/3 买了一瓶茅台。这么多年我只见他买过一次茅台，后来他把那瓶酒珍藏了很久。因此茅台很早就在我心中留下了“第一白酒”的印象，在它刚上市时我就关注了。后来我研究发现茅台是不愁销路、只愁产量的公司，在上市前就有这个特质，生产多少都卖得掉。茅台酒的销量是 T+5 的产量，即生产年份加上 5 年一共的产量。所以只要知道过去几年的产量，就可以知道未来的销量，这种模式是非常确定的。

但我一开始研究茅台时也如履薄冰，因为不清楚茅台酒的产量。当时我的一个好朋友去茅台调研，见了季克良。当我清楚茅台酒的产量之后，我心里就有底了，觉得茅台可以放三年不管。其实我是在左侧买入茅台的，当时还被套了 10 个点，也有人劝我，以后年轻人都不喝白酒了，过了十几年，发现大家还是说同样的话。那时茅台酒一瓶 280 元左右，茅台每股 30 元，我憧憬着如果每股价格能涨到一瓶酒的价格，就很满足了，当然后来茅台的股价也远远超过这个价格。我在 2007 年牛市高潮时卖出茅台，获得了 30 倍左右的收益。

在 21 世纪初的熊市之中，我选择了进修，成为中欧 EMBA2003 级上海班的一员。之所以提到这段经历，是因为它与我日后的创业密切相关。

在我读 EMBA 期间，金融班的同学以同学会的性质成立了一个班级公司，筹集到的资金主要用于班级的活动，多余的部分才拿去投资。当时我们班设有七个董事、三个监事，都是兼职的。现在看来，那两三年的回报还是很丰厚的，从最初的注册资本 100 万元，到扣除每年各类活动费用六七十万元后，账面还有八九百万元的规模。

在班级基金积累到一定规模后，原来负责管理投资的几位同学就想创立一个私募基金管理公司，以班级公司投入的 150 万元作为股本金。之后，我和其他校友一起成立了深圳市中欧瑞博投资管理有限公司，注册资金 2000 万元，其中班级基金占 10% 左右。公司最初的十几位股东，全部来自班级里的同学，还有三位同学专职投入基金管理工作中。

之所以说是“个人理念碰撞历史的进程”才有了今日的中欧瑞博，一是因为我的投资能力得到了大家的认可，二是因为我们的确赶上了一拨牛市。在这拨牛市中，基于我曾经吸取的教训，我能够拿得住、坐得稳，所以最终的收益是比较理想的。

中欧瑞博十五年：四轮牛熊，行稳而后致远

在中欧瑞博这十五年，是我投资生涯最主要的一段经历！细说来，内容还是非常丰富的。我姑且浓缩成了这句话：四轮牛熊，行稳而后致远。

之所以能够穿越四轮牛熊，本质上还是因为我在风险防范方面做了较为充足的准备。以 2015 年为例，在 6 月初市场最疯狂的时候，我写下了《伟志思考：供求关系正在起变化》一文，既用来告诫自己，也

用来提示风险。这篇文章至今仍然可以在中欧瑞博的官方公众号上看到:

市场为何会有交易,是因为买卖双方都认为自己在做正确的事。从5月来看,有不少的上市公司股东抓紧套现、再融资,大量的散户疯狂地涌入市场为国接盘,这种强对流的现象确实不多见。是好事还是坏事?见仁见智!但是,对于公司老板都不珍惜自己股权的公司,投资者在投资时确实要三思。

面对汹涌而至的资金对股票的渴望,汇金公司也出现在减持股份的阵营中。这不是一家以营利为目的的机构,因此,它的一举一动一定会传递出信息!投资者还是要认真倾听与理解它的善意。但可惜的是,跻身于洪流之中的多数人,还是不容易静下来、听进去的。

正是基于这种理念和意识,在2015年"过山车"那一轮,以及此后的2016年熔断、2018年贸易摩擦、2022年多因素叠加的"世纪下跌"中,我们的回撤都远远好于大盘。这也是我长区间超额收益的重要来源。

在此期间的7座金牛奖杯,应该是对我经历这四轮牛熊的肯定吧!荣誉的背后,是认可。伴随认可而来的,是规模的稳健扩大。中欧瑞博的管理规模,在2020年和2021年连续跨越100亿元和200亿元两个大关,同时这两年的业绩依然跑赢市场,应该说在一定程度上经受住了成长的考验。

但是我想对投资人说,荣誉只是结果,并不希望他们仅以此作为投资的依据。挑选私募管理人,在很大程度上需要深入研究,关注其策略本身及其内核。

我的投资理念和操作系统

首先，我的投资理念包含两个方面：一方面，我与伟大的企业共同成长，深耕基本面研究，自下而上精选个股；另一方面，在面对市场波动时，坚持尊重趋势、策略适配，自上而下确定仓位策略、配置策略。

如前文所述，这两点都不难理解。选择优质的企业是必要的，资质不好的企业，投资者一秒钟都不要浪费，它们才是最大的风险点。而策略适配、尊重趋势，是对市场的尊重。我曾经说过，二级市场的主要特点之一就是波动，在极短的时间内估值波动到原来的一半，是很正常的事情。在这种情况下，投资者既要求这家公司的价值不变，又要求它的盈利短时间内翻番，现实吗？当然不现实。所以我们要尊重这种波动，尊重市场本身的运动趋势和状态。

其次，我的资产投向的框架是“成长投资为主、价值投资为补充”。为什么要做成长投资？我讲一个故事，大家自然就明白了。

投资者如果在20世纪80年代末的日本从事证券投资，整整20年间，日经指数从38586点反复向下到9700点，该如何投资？怎样才能实现财富增长呢？

经过长时间的思考，加上多年的投资实战，我得出的答案是：成长投资！日本在1989—2009年失落的20年间，成长型公司如本田汽车、任天堂等，股价上涨了8倍，其表现与日经225指数迥异。

但不得不提，这里有一个文字游戏：成长股的定义其实比较宽泛。

利润增长5%的公司是成长股，利润增长100%的公司也是成长股，而前者往往被称作价值股。这些定义我并不排斥，但我们内部是有明确的定义的。基于追求确定性、管理规模上升等因素，我对企业增速的容忍度会提高，但对成长本身的追求，的确是融在中欧瑞博的基因里的。

最后，我想补充一下，我们为何特别重视组织能力的建设。因为只有通过打造有生命力的组织，才能保证一个投资系统的效能最大化。

我始终认为，没有一种策略可以在各个市场风格中都胜出。所以，我们希望打造的是一个复合策略平台，即多位基金经理负责单个基金的某一部分，以增强该基金的专业性和稳定性。这样可以在较大程度上兼顾规模和业绩。

我们实施的是与此高度类似的行业基金经理制度。在投委会把握各阶段大的投资策略及资产配置方向的基础上，各行业基金经理负责构建与管理所研究行业的投资组合。我们追求的是将一群各有所长的人，组成一个有战斗力的团体。这种实践，在过去被证明是有效的。我们相信，只要团队不断学习与持续进化，中欧瑞博一定能持续为更多的投资人带来稳健、满意的回报！

只要现在做的事情是对的，终有开花结果的一天

建信火山哥陶灿

投资笔记

我通过相对严谨的推导证明，同时也从心里认可：股票投资的回报，本质上来自股票背后企业的回报。这里面会有偏差，这个偏差源于股票价格有时候会上蹿下跳，中间会有估值的波动。

所以投资股票的回报来自三个方向：一是股票背后的公司，真金白银分给你的钱；二是估值的波动；三是企业真实的增长率，也就是企业的回报，这种增长率的回报与净资产收益率（ROE）密切相关。未来企业的 ROE 能维持什么样的水平，可能你的回报就是这个数额。

引言　你的人生中，有没有哪段经历改变了自己的命运？陶灿出生在江边小县城，成功考上北大光华管理学院（以下简称北大光华）研究生，读研的经历成为他进入金融行业的敲门砖，彻底改变了他的人生轨迹。十五年来，他将自己献给了投资，他发现无论是历史、地理还是花果栽培，自己的兴趣爱好似乎都与投资相关。而他也相信，投资就像栽培一样，只要现在做的事情是对的，终有开花结果的一天。

从江边小城到北大光华管理学院

1983 年，我出生在长江边的一个小县城——湖北黄梅。它位于江西、湖北、安徽三省交界处，也是老少边穷地区，隶属于黄冈市。黄冈市以教育闻名中国，我们在上高中的时候学习都比较刻苦。高考填报志愿时我填报了中科大，但被调剂到了相对没那么热门的商学院。我记得当时商学院的院长开新生大会的时候说："大家不要沮丧，虽然说商科刚刚组建不久，但是瘦死的骆驼比马大，你们好好学，肯定是不一样的。"所以当很多同学都选择换系的时候，我就这样坚持读了带一点理工背景的统计与金融专业。

本科快毕业的时候，考虑安徽合肥在金融方面不具有优势，实习、工作机会不多，所以我选择报考北大光华，计划到北京这个金融氛围比较浓厚的一线城市读研。

7 万元的学费是我人生中投资回报最高的项目

2005 年，我考上了北大光华的研究生。当时北大光华的学费非常贵，一年就要3.5万元，而当时正常本科生一年的学费只有5000元。我来自农村家庭，还有一个姐姐，那个时候家里的经济条件不是很好，但整个黄冈地区对教育都比较重视，只要孩子愿意学，家里都非常支持。一年3.5万元的学费，就算对普通家庭来说也是不小的负担，即便是这样，家里也咬牙供我读研。

进入北大光华后，我发现好多同学都是通过勤工俭学或申请助学贷款的方式来读研。在我们研究生的第一堂课上，系主任徐信忠老师谈道："你们选择了读光华的金融研究生，本质上是开始了一项投资，你的初始投资每年是3.5万元，两年就是7万元，你要算它的正现金流是多少，你们要好好想想这个投资的NPV① 到底怎么算。"这是我读研的第一道考题，是关于自己职业和人生投资的一个NPV算式。

现在回想起来，这应该是我投资回报最高的项目。在周围人都早早辍学去打工的时候，我选择了考研，花了在当时看来是天文数字的7万元去读北大光华的金融研究生。客观讲，在国内找工作，学历是一个敲门砖。有些金融机构在校招时，可能只会选择北大、清华这两所学校，如果你不在这两所学校，基本上连面试的资格都没有。

在建信基金的15年

2007年我加入了建信基金，2011年从研究部到了投资部，当时名义上是基金经理，但其实是跟着老基金经理共同管理组合，相当于基金经理助理，可以一边学习管理基金的经验，一边了解其他行业知识。

---

① NPV，即净现值，是反映投资方案在计算期内获利能力的动态评价指标。

2014 年，我开始独立发产品，到 2022 年我已经在建信基金待了 15 年。

2020 年第一季度，公司开始让我负责权益投资部。客观讲，在投研条线，特别是在投资部门，很多做业务岗的基金经理不愿意做管理岗，因为做管理岗天然会消耗很多时间和精力。但当时我的想法是，我想接受这个挑战，尝试从管理者的角度提升建信基金的主动权益投研水平。我心里有股劲，觉得别人能干好的事情，自己没理由干不好。

那么权益投资部负责人能做什么呢？基金经理正常的运作机制是在投委会授权下的基金经理负责制。作为部门负责人，我不能干预他们的产品管理，唯一能做的就是提供平台的服务和支持，把投研融合做好，把投资研究组织好。做好这件事情需要责任心。

首先我开始梳理机制，只要把机制捋顺了，后面执行起来就比较容易了。我找了两个副手，成立了一个管理小组，再加上部门秘书一共 4 个人。我和部门的人说，大家聚精会神地把投研的事务干好，非投研的事务由我们管理小组给大家兜底，包括到了年底，如果需要跟公司谈各种资源的倾斜、政策，就由我们来出面。

虽然我有一部分管理工作，但我首先还是一个基金经理，我管理了 8 只产品，是我们部门管理产品数量最多的人。管理者只是我的第二身份，业务岗始终是我的第一权重。

我的投资框架在多轮熊市中迭代、演进

市场上有句名言，“不要浪费每次熊市”，我理解有两层含义：一是不要浪费股价的低点；二是不要浪费熊市中犯的错误，要从中吸取教

训。而我就是这样做的，把熊市的价值发挥到最大化。

2007 年我刚进入金融行业，就迎来了 2008 年的大熊市。2014 年我真正独立管钱发产品，又经历了 2015 年下半年和 2016 年的熔断、2018 年的大熊市，还有 2022 年的回撤。

对我投资框架的形成影响最深的就是 2018 年的大熊市。在熊市中我发现，即便在市场泥沙俱下的情况下，也有跌得少的行业和跌得多的行业。所以不管是牛市还是熊市，行业配置能产生超额收益，这是我真实体验到、感知到的。于是我开始琢磨一些能够解决行业配置的因素和指标，来判断行业的相对优劣。

同时，我观察到 2018 年虽然跌了一年，但是到 2019 年、2020 年，那些中长期回报和盈利能力比较好的公司，股价最后又反弹回来了。所以，具有中长期生命力的公司最终还是很好，因此个股选择非常重要。

后来凭借多年的经验，我总结出行业配置和选股的三因素，它们分别决定了行业的回报水平和公司的回报水平。

行业配置的三因素主要包括：商业模型、竞争格局和行业景气度。其中，商业模型决定行业创造和分配了多少价值；竞争格局决定行业在产业链中的地位，相当于它的议价能力；行业景气度决定行业未来发展的空间。

到公司层面上，关注的就是影响公司竞争力的三个因素：一是老板的格局、思维；二是企业管理层的执行力；三是企业研发效率。这些都指向一个指标，即这个公司未来的回报水平，与同行业相比有没有优势、有没有特性、有没有超额收益（α 收益）。

2018 年之后，我对自己整体的投资框架进行了丰富和优化。我当时在反思一件事情：投资股票真实的回报到底来自哪里？

我通过相对严谨的推导证明，同时也从心里认可：股票投资的回报，本质上来自股票背后企业的回报。这里面会有偏差，这个偏差源于，股票价格有时候会上蹿下跳，中间会有估值的波动。所以投资股票的回报来自三个方向：一是股票背后的公司，真金白银分给你的钱；二是估值的波动；三是企业真实的增长率，也就是企业的回报，这种增长率的回报与 ROE 密切相关。未来企业的 ROE 能维持什么样的水平，可能你的回报就是这个数额。

成长风格最终赚取的年化回报会比价值风格高

从中长期看，我认为成长风格最终赚取的年化回报，可能高于价值风格。从中长期看，市场上那些坚持价值风格的基金经理，有时候是比较惨的。为什么会这样呢？让我们从刚才提到的股票投资回报的三个因素来找原因：第一项是真金白银的分红，也就是股息率，这是价值风格的人能挣到的钱；第二项是估值波动，这是交易高手能挣到的钱；第三项是企业增长（ROE），这本质上是成长风格的人能挣到的钱。

我在选股的时候会问自己：在这只股票上我能挣到什么钱？它到底是成长股还是价值股？我能挣到哪一项的钱？我还会再延伸一下，不是未来两三年业绩增长比较高的就是成长股，不是业绩增长比较慢、估值低、股息率高的就是价值股。

我是从行业的发展阶段、行业生命周期的角度判断一只股票是成长股还是价值股的。众所周知，任何一个行业都有生命周期，基本上可以划分成四个阶段：培育期、成长期、成熟期和衰退期。真正的成长股，一定是跨过培育期到了成长期。成长股和我们市场上所谓的赛道股也是有所区别的。一个朝阳行业，有可能是处于培育期，但是它的技术进步并没有那么快，它的成本下降并没有那么多。它也没办法进行社会化大规模的量产，其收入和利润也不会出现爆发式增长，它只是处于一个培育阶段，所以不能算作成长行业。

成长行业一定是处于成长期阶段的，在这个阶段，这个行业中的个股都可以贴上成长股的标签，只不过公司的竞争力有强有弱。有的公司只是想进入朝阳行业混口饭吃，但是进去以后却干不好，成长不起来，那这就是个伪成长股。但是这样的公司依然能贴上成长股的标签。所以我们看到在这个行业所有的股票，动态的估值或者静态的估值都是偏高的，只不过有人会证伪。这就是我对成长股的定义。

价值股会落在哪个阶段呢？价值股会落在成熟阶段。这时候，行业体量已经很大了，行业增速很慢，但是每个公司依然渴望增长，都想实现基业长青，做百年老企。这个时候有人干得好，有人干得差。干得好的就通过自身的竞争力，把行业的份额“内卷”到自己身上来。

行业增速10%，企业要实现20%、30%的增长，通过提高竞争力实现份额的集中，这类股票就是典型的价值股。有时候企业业绩增长得挺好，但是行业增速并不高，所以二级市场给价值股的估值并不高。再加上行业本身的基数不高，机会不多，他们赚到的钱也不用搞资本开支，就都用来派发股息了。所以我们可以看到，价值股一般股息率比较高、估值比较低，这更多是由行业属性导致的。

当个人风格与市场行情背离时，我不会一边倒

2022年，宏观经济增长压力比较大，国家提出了“稳增长”。年初大家对成长股的预期比较高，但是成长股的成长性，不可避免地在经济下行的时候受到一些影响。而价值股作为传统经济的中流砥柱，因为它体量比较大，如银行、地产、基建等，虽然原来增速很慢、估值很低，但是当政策趋于“稳增长”时，它们是需要出力的，反而有可能是超预期的。

与“稳增长”相对应的概念是“调结构”。中国经济从2010年开始，就进入了改革深水区，我们在不断进行经济结构转型、产业升级。2021年四季度，公募基金平均持仓的50%分布在食品饮料、医药、电子、新能源这四个行业。食品饮料的投资机会来自消费升级，其余三个制造业的投资机会来自产业升级，本质上更多的是“调结构”的方向。

我管理的基金中一开始“调结构”概念股比较多，而在市场偏好“稳增长”时，应该怎么办呢？我的应对之道就是在组合中增加一些符合市场趋势的“稳增长”品种，如地产、银行等。但我调得慢且调得不多，没有一边倒的原因是我觉得市场风格很快会发生转变，并且我现在管理的基金规模有上百亿元，切换的成本比较高。

回撤是很正常的事情，我认为，面对回撤要加一个时间维度，要看它跌下来以后什么时候能反弹上去。我在选股票做组合的时候，经常会遇到一种情况，就是买了股票之后被“打脸”——刚买入一个月就持续下跌。这时我会复盘，看看股票的基本面是不是跟自己想的不一样。

有的时候是真的看错了，这时候你得认错，及时出局；但有的时候股票基本面并没有变差，甚至还在变好，只是因为其他因素导致股价下跌，这时候就需要耐心等待反弹。我引入了一个等待期的概念：回撤反弹的等待期最好不要超过一年，因为我们最终追求的是年度的收益率。

我并非天生喜欢投资，而更多的是慢慢发现投资的乐趣

我不是一个目的性很强的人，并不是一开始就决定要走投资的道路，而是在做的过程中慢慢找到兴趣和乐趣。做股票投资，我面对的是29个行业，每天都有一定的新鲜感，每天都能够感觉到自己认知的提升。同时在这个过程中，我会反复实践，可能会犯很多错误，但也有很多改正的机会，这让我能够持续不断地精进。

研究历史和地理是我的业余爱好，但研究过去主要还是为了掌握未来的规律，进而能够预测未来。实际上股票投资更多的就是预测未来，比如前文提到的企业未来的经营回报、实际回报，其实就是一个随机变量，基金经理的工作就是对这个随机变量的幅度以及概率分布做估计。有人估得准，有人估得有偏差。对基金经理来说，最难、最有挑战性的，就是怎样比较精准地预测未来这个变量的概率和幅度。

除了历史、地理，我还喜欢花果栽培。在观察植物生长中，我发现种植跟投资有相通的东西。具体来说，搞农业种植，只要你辛勤施肥、锄草，精心照料，作物就会每天成长，最终会开花结果。这个回报是比较确定的，会让我觉得当下的动作对未来是有帮助的，使我坚定信心。投资也一样，选择投资某只股票，是我经过认真研究后认为这个公司未来的回报的确能跟它的股票价格关联起来，并且坚定地相信自己对公司

的判断是对的。

我们家种植了草莓、圣女果，又栽了好几盆懒汉西瓜。在 2022 年这个基金净值每天大体都在下跌的市场环境中，我看着这些植物就会知道，中长期它依然还是可以开花结果的，只要我现在做的事情是对的就可以。

乐观的人更适合做股票投资

我是一个从小就很乐观的人。小时候家里的经济条件不好，但是每一年春节我都过得很开心，因为在除夕那天晚上全家人都会聚在一起，总结我们每个人在这一年都有什么样的收获，然后再展望下一年。在我成家立业有了两个小孩儿后，这个习惯还一直在坚持。我们对未来总是充满乐观的态度。

我认为，乐观的人做股票投资可能会做得更好，因为股票更多的是聚焦于未来它是什么样的情况。

在雪球社区，大家都叫我“火山”哥，这是我在读书时候的外号，跟我乐观的性格比较相符。我平时喜欢在雪球跟大家交流。第一，我想让潜在的投资者多了解我，知道我是一个什么样的人。第二，我也希望能在互动中了解我的投资者。作为一个公募基金经理，我希望跟投资者能互相理解、互相认同。当然，这是一个比较完美的状态，很难做到，但我会努力朝这个方向发展。

万物皆周期，价值皆可循

庄贤投资王安

投资笔记

对我来说，最重要的还是管理好投资人的钱，这一点是自始至终不会改变的。

如何管理好投资人的钱呢？

首先，在策略上，我们有独创的“万物皆周期”的大周期投资策略。

其次，在选股方面，我认为有夕阳的产业，但没有夕阳的公司。

最后，在投资风格上，我相对谨慎，对于整体风控结构和体系的设计、搭建都相对更严格一些。

引言 要说市场上哪个板块常年在公募、私募等机构青睐的榜单之外，那一定有“周期”板块。周期股大多是生产制造型企业，研究体系较为复杂，估值定价也不易，常年被公募、私募等机构“抛弃”。但总有人钟爱在“无人问津”的领域挖掘机会，在@庄贤投资王安的眼中，只有夕阳的产业，没有夕阳的公司。在一些传统的周期板块中，往往存在一些具有高成长性的优质标的，它们不像科技类公司那般锋芒毕露，需要你用不偏不倚的独特视角去发现它的投资价值。

我花了四年，在顶尖金融机构里游历了一圈

我的家境算是中等水平，能够满足自己的生活所需，但是我从小并没有受到家里的宠溺或娇惯。基于这样的成长环境，早在初中的时候，我就深刻意识到要通过自己的努力、坚持不懈来达到目标，获取更高的成就，而没有任何依赖父母与家庭的想法。我相对同龄人的这种依赖感的解放，或者说很早就建立起的责任意识和自立意识，或许是我和他人相比略有不同的地方。

我本硕就读于清华大学，高考时我的想法是选择商科相关专业，但当时对商科的认识仅停留在一个比较笼统、宽泛的层面，兴趣并没有聚焦到投资这个细分方向。我的高考分数虽然能进清华，但是却够不上当时最热门的专业，比如经济管理或者金融。因为自己有未来从事商科的职业目标和规划，所以通过第二学位的学习以及之后的研究生选拔，我最终开启了金融领域的系统学习旅程，并且在这个过程中，渐渐明晰了以后的职业规划。

金融领域又有很多细分行业，包括银行、保险、券商中的投行、公

募基金、私募基金等，我最初也不清楚自己适合或者擅长哪一个细分行业，于是做了一个大胆的决定：我要去这些金融细分行业游历一圈。从大三开始到研二，我花了四年时间，通过实习把金融领域每一个细分行业都尝试了一遍，遍历国内外的顶尖公司，如 BCG、麦肯锡这样的咨询公司，如中金这样的金融机构。

通过比较，我发现投资是一项持续时间最久、历练最深，并且随着时间和经验的积淀而历久弥新的事业。它不是一个吃青春饭的行业，而是需要坚持不懈地努力与实践，并且这个行业与我的性格有天然的契合度，跟我的长期规划也最吻合。因此可以说，通过自己的不断实践，我终于找到了毕生追求和为之奋斗的事业——创办一家私募基金公司。

天赋并不会让你走得更远，但实力可以

2014 年我毕业之后，就遇到了 2015 年的大牛市，而我的第一桶金就是在那个时候赚的。我当时做研究工作，主要偏中概股和港股，对 A 股的研究并不深入，只是基于自己的熟悉度买了一些 A 股的股票，赚的是市场情绪整体向上的钱。

我第一次买股票，收益率就接近 100%，心情很是激动，但是后面就经历了整个牛市的崩溃，市场情绪快速坍塌，最终利润也回吐了一小半。这件事给我的启发是：应该扎实地做好公司的基本面研究，不能人云亦云。这种靠市场情绪推动带来的、没有理论研究作为强有力支撑的钱，终会来得快、去得也快。

所以我不觉得自己有什么天赋，我在学习和投资上取得的一些成

绩，本质上源于后天的积累和努力。研究生毕业的时候，大家都在同一条起跑线上，没有孰强孰弱，差距的拉开是基于日后工作实践中的点滴积累，或许源于一个靠谱的工作赋予你的机会，当然更取决于自身的意识，比如有没有全力以赴去全方位提升自己。我非常感谢我的第一份工作，当时是在老虎环球基金下面的亚太研究所做研究员，我的硬技能（hard skills）就是在那个时候培养起来的。

小到 Excel 表格的处理方式、数据的整理方式，大到一些投资逻辑和框架的系统性梳理、一手数据的尽调方式等，这些是我进入投资行业最原始、最系统、最正规的一段学习经历，为后续自己投资体系与框架的搭建打下了坚实的根基。与此同时，这段工作经历也让我养成了实事求是的投资风格，这一点对我日后整个投研框架及投资风格都产生了至关重要的影响。

除了扎实的基本功以外，我们更要不断在实践中反思和领悟，比如在每一个投研案例中，能不能真正分析出自己赚的是哪部分的钱，而不是简单的赚了钱就很开心、亏了钱就不开心。应该知其然，更知其所以然。投资者的基本功一定要扎实，一开始走得慢一些，是为了走得更远。

万物皆周期的投资理念，
重要的是找到具有内生增长性的企业

这两年私募市场整体不太好做，而我们（庄贤）逐渐走进大家的视野，取得了一些成绩，也得到了一些认可。对我来说，最重要的还是管理好投资人的钱，这一点是自始至终不会改变的。

如何管理好投资人的钱呢?

首先，在策略上，我们有独创的“万物皆周期”的大周期投资策略。

我们的大周期投资体系是一步一步慢慢搭建和完善起来的。最开始我们是基于自身的一些实业背景（公司的前身是一家化工民营企业），逐渐向外扩展到与我们没有业务交集的整个化工板块。这个过程中，我们积累了一些人脉，但更重要的是投资体系、数据分析框架逐步完善。

同时，我们也会基于化工板块投资的思考方式、供给和需求关系，映射到其他板块，如传统周期板块（钢铁、煤炭、有色金属、稀有金属等），进行深度拓展。近几年，我们的大周期投资体系经过了三次拓展，逐步形成了“万物皆周期”的大周期投资策略，并且已经比较成熟和完善。

我们的大周期投资体系打破了周期和非周期的绝对界限，凡是能够用供给和需求曲线解释的，包括有些板块可能并不完全属于周期行业，如食品饮料中的白酒、金融中的券商、军工，这些涉及季节周期、情绪周期等的板块，是我们周期投资体系的外层圈。我们是从内到外，逐渐往外延伸、扩张的过程。

在整个体系搭建和延伸的过程中，我在清华的师兄起到了举足轻重的作用。他本硕都就读于化工专业，对很多化工的细分行业及其他周期板块具有深刻的思考和见解。他在2020年作为合伙人加入了庄贤。

战略合作伙伴的背景加上合伙人的化工及周期相关研究背景，使得我们整个大周期投资体系相对扎实和完善。

其次，在选股方面，我认为有夕阳的产业，但没有夕阳的公司。

我会重点关注周期框架中的优质成长股，做深度研究。一个好公司的标准是公司本身的利润能够逐年稳步向上，并且它的利润更多的是内生式的，而不是被动依赖外界环境。在考察一个公司时，我会从各种角度进行全方位调研。比如有的公司科研投入比较高，技术不断进步；有的公司通过并购重组扩张产能，并购重组之后，它可能会向上下游业务延伸，形成产业链闭环；抑或是管理层不断提升自己的生产管理水平等。发现了这样的公司，我会用比较长的时间跟随与陪伴。但是因为所做的是偏周期的行业，不排除好公司也会经历短暂的周期性波动，在这个过程中，我会做一些波段操作。虽然我可能从头至尾都会布局这个公司，但中间我会根据市场环境和情绪的变化，对一些仓位进行调整。

我们注重研究，只赚自己认知范围内的钱，提前布局而不是盲目跟随市场。比如2018年我投资了神马股份，它是一个相对市值比较小的公司，在河南平顶山，主营业务是做尼龙66切片，通过兼并收购打通了上游通道，把包括己二腈在内的一些原材料纳入自己的产品体系，大大降低了成本，利润呈爆发式增长。我在2017年就关注了这家公司，经过2018年上半年的蛰伏，下半年股价大幅上涨，我也因此取得了比较好的收益。

最后，在投资风格上，我相对谨慎，对于整体风控结构和体系的设计、搭建都相对更严格一些。比如我在开始买入时就会计算赔率，会先考虑这个股票最多可能亏多少钱，而不是考虑赚多少钱，会有最坏情景假设。比如我会进行严格的风控管理：个股层面，任何单一个股总亏损额不能超过所管理产品总资产的2%，一个标的拿满10个点，它最高不能亏损20%。因此，我们的产品从成立以来到现在最大回撤都是相对较小的。我想说的是，拿了受托人的钱，就要当成自己的钱来管理，我是比较看重为投资人创造绝对收益的。

做自己擅长的事情，不言终点与放弃

投资是反人性的，很多时候需要一些“孤独”的坚持。其实这些年我做投资也会有一些艰难或者孤独的时刻，即便是做正确的事情，短期可能也会有压力。比如：自己认为研究很深入、置信度很高的标的，却迟迟得不到市场的认可，甚至还会有被错杀的可能。这个时候投资者更需要审时度势，如果市场平稳则可以等待；如果市场情绪悲观恐慌，或者有突发利空政策，还是需要用止损制度来严格控制单个标的的最大亏损。

总结来说，投资者需要在做好基本面分析、夯实投研支撑的基础上，做好反人性的底部布局，并有坚守的决心，这是比较重要的，但做起来并没有听起来那样容易。

沉淀之旅

投资是认知的变现

投资的本质是认知的变现。
他们或是凭着实力和些许运气，
成功抄底、满载而归；
或是利用多年积累的方法论，
坚守成长、慢慢变富。
他们真切地感受到，
认知可以改变人生。

投资是世界上最好的职业

润哥

投资笔记

善于炒股的人首先要避免亏损，方能确保盈利。选股思路上，我投资的时候首先想的不是赚多少钱，而是怎样才能不亏钱。

选股原则一：看股票的底部在哪里；

选股原则二：看利润增长性；

选股原则三：看利润（或者业绩）增长的确定性；

选股原则四：看利润增长的可持续性；

选股原则五：考虑利润的有效性。

引言 他受父辈下岗经历的影响，内心对职业生涯充满危机感，刚参加工作就在为未来职场的寒冬做准备。在拿到毕业后的第一笔奖金后，他用全部奖金买了基金。他不断研究、学习，最终决定采用巴菲特价值投资的理念开始炒股，并且越做越好。

他认为现实生活中自己是一个不善于社交的人，但在雪球上通过写文章分享自己的观点和见解，可以自在地表达自己，并且可以和万千“球友”互动。他就是很多“球友”都熟悉的@润哥。

黑暗中的明灯：价值投资

我是一个业余投资者，成长于一个下岗国企干部的家庭。初二的某一天，父亲回家后告诉我，公司不能再完整地发工资了，我们家每个月只有 40 元的生活费。那时候家里刚买了房子，我的感觉就像天要塌下来一般，父亲因为欠别人的钱愁得两鬓斑白。巴菲特说金钱如同空气一样重要，拥有的时候觉得理所当然存在，缺了就有窒息的危险，这句话让我感同身受。上大学时，靠着家里的存款和母校合肥工业大学的国家助学贷款，我完成了学业。

出于偶然，我大学的专业是资源勘察工程。大学毕业后，因为本科院校不是 985，我坚持考上了中科院研究生院的地球化学专业。读研究生时我也很幸运，学校不收学费和住宿费，一个月还有 1200 元的助学金，出野外一天补助 65 元。对于我这个穷惯了的人来说，每个月领到这么多钱，自然是发多少花多少，用来补偿这些年节衣缩食的日子。临近毕业，我的一个同学攒了 4 万元，而我却两手空空，这让我意识到了理财的重要性。

2007 年研究生毕业后，我成为一名工程师，被分配到一个地质队里工作技术含量最高的分队。大多数同事是高级工程师，40 ~ 60 岁的人居多，我是分队里年龄最小的。地质行业的很多工作我基本上都做过，虽然我会花一些时间研究股票，但也一直坚持做好自己的本职工作。

2007 年 10 月，我发了 4000 元奖金。我非常激动，因为算上 7—9 月的工资，我的收入已经过万元，而大学四年学费总共 1 万元，短短 4 个月就回了本，这让我深刻感受到了知识就是力量。受父辈下岗的影响，我对自己的职业生涯充满危机感，一直在为未来职场的寒冬做准备。于是我拿着 4000 元奖金，一股脑儿地买了华夏优势基金，每天下班的第一件事就是打开电脑看今天涨了多少钱。

工作一段时间后，我结交了女朋友，也就是我现在的妻子。在我们认识后没多久，我就开始长期出差。她喜欢炒股，为了拉近彼此的距离，我一有空就会给她打电话，经常和她就经济形势和股市展开讨论。她买进股票，赚了钱不懂得卖，套住了也不割肉。于是我就开始研究适合她的方法，终于找到了巴菲特的价值投资理念，如同黑夜中找到一盏明灯。自此，我开始炒股，收益也越来越好。

漫漫投资路：我的那些成与败

2010 年，我初入股市，买入了格力电器；2011 年，我开始买银行股，诸如招商银行、兴业银行、浦发银行等，并一直持有；2014 年，我卖出部分股票后赚了一笔钱，那是我投资的第一桶金。

2011—2014 年，大部分时候银行股都是涨一涨、跌一跌，眼看它的业绩在增长，股价就是不涨。当时我对银行股的上涨是有心理预期的，又看到很多“球友”看好银行股的言论，我感觉对银行股更有信心了。当时我的家人听到我的投资逻辑后也表示支持，所以我坚持持有到 2014 年。后来股价翻了一番，给我带来不错的收益。这段经历让我认识到投资要有耐心。

2019 年，我买入紫金矿业，当时感觉美联储要放水了，因为我从事矿产行业的工作，对该行业敏感度较高，所以看好铜价和金价，选择了以铜金矿为主的紫金矿业。2020 年，紫金矿业带给我很好的回报，我开始物色下一个紫金矿业，最终找到了中远海控。我大概在 2020 年的六七月，以 3 元左右的价格买入了中远海控，并持有到 2021 年 6 月。

对中远海控的挖掘源于我参加的一次“球友”聚会。当时大家一起吃饭，我的一个好朋友@焕然一新 999 讲到虽然经济在下滑，但是航运行业的股价还在上涨，航运行业有 18 年的周期，2020 年拆船数量创新高。我算了一下，从 2003 年的航运经济周期到 2020 年也接近 17 年了，是时候投资了。

当时我认为，铁矿石的价格会一直上涨，进而废钢的价格也会同步上涨。如果下游航运价格不涨的话，这个时候市场的船拆掉卖废钢的收益会大于运货的收益，所以拆船数量会上升，这将会导致市场上船的供应量进一步减少，供不应求，最终导致航运价格上涨。另外铁矿石持续上涨会推高造船成本，如果航运价格不涨的话，造船数量也会减少，最终还是会推高航运价格。不管从哪个方面看，航运价格最终都会上涨，所以我开始关注这只股票。然后，我搜集了与中远海控相关的信息，2021 年 4 月，我预估中远海控二季度业绩不比一季度差，受长协价格影响，三季度可能是业绩最好的一个季度，四季度也不会差。由于其有众多两年期长期协议作保障，叠加造船周期的影响，其 2022 年的业绩也会保持高位，剩下的随机应变。

前面聊到的都是投资成功的案例，然而失败的案例也不少。比如我在 2016 年以 13 元的价格买入中国太平，后来在 33 元卖掉。2019 年它又跌到了 16 元以下，我认为它的安全边际很高，下跌空间也不大，就再次买入。但当时公司的管理层出现问题，叠加保险行业利率下行，行业进入不景气周期，股价一直不涨，我就把中国太平都换成了紫金矿业。

最近我在布局石油股、黄金股、造船股、林业股、制糖股等，因为这些股票符合股价在底部、行业面临反转的特点，这些正是我看中的。

我的选股原则：善战者必先立于不败之地

善于炒股的人首先要避免亏损，方能确保盈利。选股思路上，我投资的时候首先想的不是赚多少钱，而是怎样才能不亏钱。

选股原则一：看股票的底部在哪里

一般来说，我会在 0.8 倍市净率以下、8 倍市盈率以下考虑买入银行股；我会在 0.8 倍内含价值以下买入保险股；房地产行业比较复杂，既要看土地储备，还要看市销率，0.2 倍市销率以下最好，除此之外还要看购地成本；一般我会在 1.4 倍市净率以下买入券商股；其余不太了解的行业一般是在市净率小于 1、市盈率小于 8 的时候买入。

这就是我目前的投资体系，一般按照这个价位买入很少会亏钱。

凭借上述方法，我在2014年重仓交通银行（买入价0.6倍市净率）和招商银行（买入价0.8倍市净率），收益率60%；持有少量中信证券，收益率250%。2016年，我买入交通银行（买入价0.5倍市净率）、中国平安（买入价0.8倍内含价值）、中国建筑（买入价0.7倍市净率）、中国太平（买入价0.6倍内含价值）、融创中国（买入价0.15倍市销率），也取得了优厚的回报。

但是针对不同的行业有不同的估值方法，如果按照市净率1以下和市盈率8以下的标准对消费、电器、白酒等轻资产公司进行估值，就找不到买点。我虽然曾经持有格力电器、五粮液、美的电器等牛股，但是始终无法锚定这些股票的底在哪里，只能赚一点就离场。如何给轻资产、高ROE的公司估值？我需要认真总结。

选股原则二：看利润增长性

长期来看，选择一个利润增长较快的公司很重要，与其持有一个低估值的平庸公司，不如持有一个估值正常、业绩增长迅速的行业龙头绩优股。绩优股如同一个班里学习好的学生，下一年大概率会再创佳绩，而成绩较差的学生会继续垫底。可是偏偏有很多人觉得：绩优股已经涨了很多，应该下跌了；绩差股已经夯实底部，应该反弹了。

选股原则三：看利润（或者业绩）增长的确定性

我们要投资利润有增长性的企业，最好是利润增长具有确定性的企业。比如房地产行业，因为实行预售制度，每年销售合同的金额会在1～2年内转化为公司业绩，未来1～2年的业绩可期；保险中的寿险，未来利润增长同10年期国债的750均线相关，利润增长是比较容易确定的，这也是我较为喜欢银行业和保险业的原因。

选股原则四：看利润增长的可持续性

我们想象一下20年后，银行依旧会为金融业服务，保险依旧会为全民社会保障服务，人还是要住在房子里。可是我们无法预料20年后我们是否还会用手机，就像15年前诺基亚和摩托罗拉也想象不到自己现在的窘境。有一些行业，我无法确定其利润能否增长、生产经营模式是否会被颠覆，各种高科技行业，譬如与科技、网络、智能、生物、电子相关的我通通回避。当年电子词典、随身听、迷你磁光盘（MD）、数码相机也属于高科技行业，如今却被彻底颠覆。所以我视高科技行业为风险投资行业。

选股原则五：考虑利润的有效性

银行貌似利润很高，但利润却是前置计算，从放贷开始计算利润，至于贷款能否收回、贷款人能否提前还贷，未来都是无从保证的；房地产行业利润后置，房子卖出去只算负债，要等交房后才算利润。所以银行有效利润被高估，房地产有效利润被低估。有些行业，如重资产行业（钢铁、LCD、黑色家电等），要持续投入资金更新设备、购买原材料、扩大厂房、研发技术，导致可分红利润比例较低；有些行业，消耗的资金极少，赚取的利润中大部分可以拿去分红，如白酒、高速公路、港口、水电、机场等，不可一概而论。

投资最重要的原则：爱国

选股可以让我立于不败之地，而下面这些投资原则使我能够不断提升自己，在投资的道路上越走越远。

原则一：独立思考

投资者要摆脱从众心理。从众心理是人类经过几百万年的进化形成的，想要摆脱它真的不容易。广大散户在市场低迷时纷纷割肉离场，在市场高估时又高位接盘，追涨杀跌是最典型的从众心理，因此不跟风很重要。

原则二：绝对理性

投资者的思维不能受感情左右。在股市中人的感觉是不可靠的，股价被低估时，人们会本能地感到恐惧，然后割肉离开；股价被高估时，人们会不由自主地贪婪、兴奋，进而高位买入。投资者想要在股市赚钱，就要屏蔽自己的感觉，结合理性、财报、利润、估值、常识等有根据的信息进行判断。

原则三：遵循常识

传销和上市公司大规模造假有一个共同点——背离常识。

一些公司造假的共同点是在不发达地区突然冒出一个高科技公司，盈利非常好，有悖于常识。经商的人都知道，比起行业龙头，小公司生存更困难，又如何能成长为行业龙头呢？

原则四：通晓财务知识

投资者要从经营公司的角度投资股票，而研究上市公司财报可以帮助其找出财务造假的公司。众所周知，一些公司上市前粉饰业绩、虚报利润，上市一段时间业绩变脸、财务“洗澡”，然后继续造假、继续变脸。大公司审计正规、规模庞大，造假可能性较低。

原则五：持续学习

投资者一定要多读书，我想做价值投资要读100本以上的书籍，才敢说自己已经入门。学习是一个循序渐进的过程，书本提供了各种各样的理论，在读书的过程中，我们的认知会不断提升。

原则六：不要让情怀绑架你的投资

投资者来这个市场是想赚钱的，不是发挥自己爱好的。只有行业赚钱好、发展快，投资者才会去投资，而不是你喜欢哪个行业就投资哪个行业。我的兴趣爱好是军事，但我绝对不会因为我喜欢军事而投资军工股。

原则七：爱国

这项原则也是最重要的原则。爱国是最正确的投资。投资股市本来就是对国家未来充满信心，如果不看好自己的国家，不如把存款换成黄金存起来算了。

当然，你还要忍受孤独，当你持续在股市盈利的时候，就会发现周围能同你交流投资的人变得越来越少。还好，我可以在雪球交流。

享受投资，收获价值

我害怕和人打交道，但内心又有社交需求，所以在雪球写文章、做内容输出是我与人交流的一种方式。和大家在雪球上交流让我感到很开心，有什么想法我会马上分享出来，得到大家的回应也让我内心满足。

我的家人不像我一样痴迷投资，但都很支持我做投资。同样地，我也非常支持我的孩子做投资。因为在我看来，投资是世界上最好的职业，它对一个人的智力、知识、情商、情绪控制力、体力、寿命要求都很高。投资是很好的赛道，如果努力工作可能使收入增加两倍、三倍，那么努力做投资，就好像拥有了开挂的人生，收入可能会增加到另一个数量级。

我相信投资的价值，也一直坚持认真学习高手的投资经验，阅读一些关于价值投资的书籍，经典的投资书籍是要反复温习的。如果让我对初入股市的投资者说一句话，我想分享的是：股市的价值是企业经营现金流的折现，别把时间花在研究 K 线图上，而要花在研究企业经营本身上。

资产配置就是投资人免费的午餐

连城Z

投资笔记

目前基金投资是我个人财富管理的主要方式。我的第一大原则是资产配置。我无比坚定地认为资产配置就是投资者“免费”的午餐，它能够帮助我们实现流动性、波动率、回报率三者的平衡。

第二大原则是定期跟踪，动态调整自己的组合。当某些行业被严重低估时，我会考虑多配置；当市场结构化行情明显时，我会考虑多投资轮动型管理人而非价值型管理人。

第三大原则是坚持长期投资。我们的市场是长期向上的，中间有很大的波动，坚持长期投资是解决基金投资择时难的最好办法。

引言 如果不是因为家人的证券账户亏到所剩无几，他不会对2008年的金融危机印象如此深刻，也不会因此步入股市，更不会有后面一次次精准捕获牛股的“神操作”。股票投资的巨大成功并没有使他停止探索的脚步，当他开始把基金纳入资产配置的范围时，他发现无论是股票投资还是基金投资都是相通的，当你想清楚了要如何配置资产后，做好跟踪与调仓，长期投资，终会有更多、更好的收获。

如果不是因为一次盲投，我已经实现财富自由了

我是1990年生人，如果算上大学期间帮家人管理账户，我也是有十余年经验的老股民、老基民了。我本科和研究生读的都是金融与风险学，算是科班出身。毕业后我加入了某大型股份制银行，先后做过理财经理、产品经理、管理岗等，后来出于自己的兴趣爱好，加入了同业其他机构。

我与投资结缘要追溯到本科读书的时候。当时我读的课程里有一门就是投资学，老师比较重视实战，让我们参加了为期一个学期的模拟大赛，用虚拟资金买入股票并且定期提交该股票的基本面分析。后面因为金融危机，家人的账户出现巨大的亏损，大概是30万元本金亏到8万元。想到我读的就是这个专业，家人便把账户交给我管理。我当时的水平属于“新韭菜”，也不懂交易，基本就是听消息或者看图线炒股，前面几年虽然有些收益，但始终没有回本。

随后我一直在股市中摸索。2015年“股灾”时，我重仓的个股停牌，复牌后开盘还一度上涨了2%，所以我的股票账户没有产生多少回撤。虽然2015年我享受了上涨、躲过了下跌，但是我身边有不少人都

爆仓、破产，这让我第一次深刻感受到资本市场的残酷。我开始学习通过定性和定量做基本面选股，通过趋势做交易。通过自学与跟人交流，我慢慢摸索出了适合自己的趋势基本面投资体系。后来我发现这个体系其实早就有人在用了，叫作 CANSLIM 投资法。在这套方法下，我抓住了 2017—2018 年的恒瑞医药，抓住了 2019 年的立讯精密、福耀玻璃，抓住了 2020 年的隆基股份、连城数控，可以说这四年多时间里我获利颇丰。

我在股市中真正意义上的第一桶金来自立讯精密。我从立讯精密股价除权后的 9 元多开始买入，后续一直将仓位打到满仓，然后在 40 元以上逐渐减仓，在 45 元左右完全清仓。如果问我是怎么做到的，其实我一开始是在傅鹏博的基金季报里发现了立讯精密，然后才有了后面的故事。

我觉得我是一个运气很好的人。成功的案例非常多，赚钱最多的肯定是投资隆基股份了。2020 年我从 20 多元（未除权）开始买入，一直到 70 元还在追加资金，把持仓成本抬高到了 40 多元。这中间也经历了大的回撤，但是因为坚信企业的基本面和长期趋势，我一直稳稳拿到 125 元（未除权），后因从业原因清仓。

当然投资中也难免有失意的时候。我最失败的案例，应该是 2016 年投资一只定增私募基金。当时算是盲投，不了解该基金具体储备的标的，听大家说好，看到管理人过往业绩好，基金本身有 20% 的劣后资金[①]做安全垫，考虑到定增还有 20% 的折价，我想着足够安全就下重仓

---

① 属于一个安全垫的资金。在资金遭到风险的时候，劣后资金将优先偿付风险；在获得收益的时候，其收益将会在优先级的收益之后支付。

买了。事后发现这只基金投资的标的都惨不忍睹，比如东方日升，我一度怀疑这只基金是不是专门接盘给东方日升做市值管理的。最惨时净值从1跌到0.55，原本预计2年退出，也因为定增政策的变化变成了3年。好在2019年市场好转，后面基金净值回到0.8时我退出了。如果当时我拿这笔资金去投资股票，我应该彻底实现财务自由了。这次失败给我的教训是：无论是一级还是定增，盲投的千万别碰。

傅鹏博、李晓星、谢治宇，我抓住了他们的爆发期

在读书期间我开始了解基金，当时也跟风买入了散户持有最多的兴全社会责任（由傅鹏博管理），这是我在基金里赚到的第一桶金。后面参加工作有收入后，我也每月坚持定投，一直持有到傅鹏博离开兴全加盟睿远。我是睿远成长价值的首发买入人，目前也继续每天定投睿远基金1000元。傅鹏博是我唯一不间断持有时间超十年的基金经理，总盈利已经无法计算了。第一次买基金就在相对低位买到了这么靠谱的管理人，这里面有运气的成分在，但后面逐渐提升的收益慢慢成为我长期持有的底气和信仰。之前看到雪球不少朋友讨论是按周看净值好，还是按月看净值好，大家普遍的观点是按月比较好。我对大部分的基金管理人确实没法做到那么放心，公募的净值我习惯每晚看一眼，私募的净值我也每周关注。但是对于已经有了信仰的傅鹏博，我真的可以做到一年都不看一次账户。别人关注收益，我可能只关注他什么时候退休，我相信我的这种心态能让我获得更多的收益。

在投资股票的同时，我一直配置了部分资产在基金里。早期的李晓

星、谢治宇都找我们进行专户理财[①]，我是看着他们从黑马慢慢变成“顶流”的，我自然也是抓住了这个过程中的大部分收益。现在因为工作的关系，我把更多的资产转移到了二级基金，公募和私募的主观多头占了最主要的仓位，另外也配置了一些量化基金、一级股权基金和CTA基金。我是房价上涨的受益者，但是我认为未来十年股票一定会大幅跑赢房价，所以我目前只有一套刚需房。

资产配置、定期跟踪、长期投资是我进行财富管理的三大原则

由于从业原因，我目前不能参与个股投资，如果可以参与，我依旧会坚定地使用CANSLIM投资法。因为无论是趋势还是价值投资，在某些阶段都会出现策略失效的情况，尤其是价值投资，可能80%的时间都是跑输市场的，但是风口来的时候能够迅速超过同类水平。基本面趋势投资可以将两者有效结合，这样一来在各阶段都能保持一定的胜率，遇到大牛股时也能拿得住，遇到亏损时也能及时止损。

目前基金投资是我个人财富管理的主要方式。我的第一大原则是资产配置。我在这个领域学习和工作十几年了，我佩服巴菲特的集中投资，但是他对个股的理解深度是我们大多数人无法企及的，那么同样长期业绩惊人的耶鲁大学捐献基金模式可能是我更加看好并且觉得可复制的方案。我无比坚定地认为资产配置就是投资者“免费”的午餐，它能够帮助我们实现流动性、波动率、回报率三者的平衡。

---

① 是指基金管理公司向特定客户募集资金或者接受特定客户财产委托担任资产管理人，由商业银行担任资产托管人，为了资产委托人的利益，运用委托财产进行证券投资的活动。

第二大原则是定期跟踪，动态调整自己的组合。比如跟踪宏观动态，小幅度地调整大类资产比例。这里我推荐大家关注美联储估值模型，将模型稍加修改调整到适合中国市场后，它就可以告诉我什么时候多配股、什么时候多配债。除了宏观大类，具体资产层面我也会进行动态调整。我很少持有基金超过 3 年，因为我相信无论是资产还是管理人，大部分都是摆脱不了周期的。当某些行业被严重低估时，我会考虑多配置；当市场结构化行情明显时，我会考虑多投资轮动型管理人而非价值型管理人。

第三大原则是坚持长期投资。虽然我持有的大类资产或具体产品可能会调整，但是我的底仓，比如股票多头基金，始终会保持在 3 成或以上。为什么坚持长期投资呢？因为影响二级市场的因素太多，投资者（包括管理人）很难提前预判牛熊市。在 2016 年熔断期间或者 2018 年年底指数快速下跌期间，投资者都是非常绝望的，如果在那个时候选择止损出局，就很难在后面的大牛市获得高额回报。我们的市场是长期向上的，中间有很大的波动，坚持长期投资是解决基金投资择时难的最好办法。

投资不难，难的其实是如何管理好自己的心态

我最早炒股时每天盯着 K 线，后面才慢慢做到只在收盘时看一眼，从关注价格波动到忽略价格波动，转而更多关注企业所在产业链的动态、企业的技术更新、企业新增投产的规模和订单增长等。除非你是做 T 高手，否则盯盘除了制造焦虑，真的没有什么意义。后面我的资金都挪到了基金里。投资基金的心态显然比投资股票轻松很多，虽然也会有

大的波动，但是因为我相信中国股市长期会向上发展，所以我对自己基金组合短期内的绝对收益不太关心，更关心相比指数的超额收益。哪怕一周下来赔了钱，跑赢了指数我就很开心。

我在投资中最大的感触是一夜暴富和慢慢变富相比，我们最好选择后者。选择暴富的投资者，2015 年如果全仓了当时火热的乐视网或者其他标的，可能 100 万元资产现在也就只剩几万元。选择慢慢变富的投资者，假设买入高位发行的一些白马基金产品，比如大家熟知的淡水泉，5000 多点买入持有至今也有 1 倍多的收益；如果是持有表现更优秀的产品，可能有 3 倍甚至更多的回报。

十几年的漫漫投资路，我也会偶尔感到孤独。当我坚定看好的某只股票或者基金因为市场原因持续下跌，而亲友、客户只看价格表现，开始质疑我的观点时，我是最孤独的。但是经过一段时间的下跌，我看好的企业或者基金慢慢创造新高，信任我的朋友夸我厉害、排队请我喝咖啡的时候，我会感到非常开心。

其实投资中最重要的还是心态。投资是为了更好地生活，如果市场的波动让你感到很焦虑的话，你还是尽量不要一开始就把大量资金放在高风险产品里。学会管理好心态后再慢慢加大比例投资吧！毕竟成功的投资离不开好心态。

投资就像捕鱼，满载而归才是合格的渔民

大牛将军

投资笔记

至于投资策略该如何确定，我就拿投资 ETF 和 LOF 来举例，我个人认为在 A 股市场主要可以设置以下两种策略。

短期（以周和月为单位）：遵循趋势交易，尽量做到顺势而为，做多上升趋势，不盲目跟风短期内涨幅比较大的行业主题品种。

中长期（以季度和年为单位）：以“核心 + 卫星”的投资组合，构建核心宽基指数基金 ETF、价值成长风格的行业主题 ETF，以组合的方式增加持续稳健投资的可能性。

引言 有多少人在2008年金融危机中遭受重创，就有多少人在这场危机中得到启发、成长。投资就是一场概率游戏，投资者凭借各自的头脑和认知在市场上博弈，没有投资策略的那部分人会最先倒下，策略容易被个例推翻的接着倒下，最后剩下的那部分人会凭借实力和些许运气留下来。任何一个投资策略都反映着投资者过往的阅历，各色投资行为中都有值得总结的经验。@大牛将军，一位来自中国大陆最南端的“80后”职业投资者，他就属于依靠自己的投资策略存活下来的那部分人。

熊市中开户，奠定了我稳健型投资的基础

2008年金融危机爆发时，我还是个懵懂的少年。最开始我并不是主动去了解股市的，大学时一个室友选修了金融证券课，整天就给我灌输巴菲特的投资理念，我到现在记忆犹新的一句话是“买一个公司的股票就是投资一个企业的未来”。耳濡目染之下，我对投资的兴趣逐渐被激发出来，跑去图书馆翻遍了股票投资类的书籍，了解了很多投资成功案例。

2008年年底的时候，学校附近开设了一个证券网点，总是有人在拉人开户，说100元也可以炒股，1手100股。于是我就迷迷糊糊地开了户，搭上了投资这艘“贼船”。学生时代的我没钱，投资股票都是用省下来的零花钱。金融危机时期，低价的国企股票就是我投资的主要阵地，因为我认为国企退市的风险相对较小，同时低价股出现重组并购改革的机会更大。借壳重组是当时市场比较流行的一种炒作思路，所以看到价格便宜的我都会买点。我记住了室友反复说的“买一个公司的股

票就是投资一个企业的未来"，于是买入后一放就是一年多，就当存钱了。等我 2009 年年底再打开账户的时候，我买的好几只股票都翻了几倍，顿时感觉自己就是巴菲特本人。那时我觉得赚钱很简单，只要遵循低买高卖的原则，平均仓位就行。这就是我的第一次投资经历，也给我之后正式踏入证券领域开了一个好头。

交易中探索，领悟到投资需要精心策划

大学时的第一次投资可以说是运气好，抄到底了，碰上了大反弹的小牛市行情。后来我有过一段沉迷涨停板的经历，买中就享受连续几个甚至十几个的涨停；若是踩到雷了，碰到连续跌停，很快就血本无归。这就和小时候打游戏一样，充满着冒险的刺激，又有着比较残酷的结局。但这并不是投资，只是赌博，赌的是运气，寄希望于能快速获利、一夜暴富。

但是投资不一样，它是另一种玩法。投资需要我们自己去设计、策划，用时间验证自己的设计是否正确，用概率去赢得能长期获利的机会。长此以往，我的投资策略也就逐渐建立起来了。比如，我会根据个股或 ETF 基金的品种来选择合适的投资组合策略。如果我要在 A 股建立一个价值投资组合，选股就会偏向中国的核心资产配置，白酒大消费、医药大健康等会是我的首选；如果要在美股市场建立一个价值投资组合，我倾向于全球领先的高科技企业，比如半导体、软件科技等。现在我不会再盲目重仓了，市场是残酷的，它不会因为你赔钱了就转过身来同情你。

2010 年大学毕业后，我做过几个月的车间技术员，卖过几个月的

保险，而后转为从事计算机相关专业的设计类工作。工作之余，我一直在学习投资相关知识，艰难地度过了一段边上班边炒股的日子。我经历了2010—2013年的股市低迷期，也感受了2014—2015年牛市的疯狂。直到2016年，在积累了一定的资金和投资经验之后，本着对投资的热爱、对财务自由状态的追求，我决定转行从事职业投资，主要投资A股、美股市场中的股票、ETF、基金等品种。

牛熊转换中形成投资策略，平衡好风险与机会

投资需要根据市场变化灵活配置品种。总结我的投资历程：2008—2012年，主要投资国企低价股；2013—2015年，主要投资热门题材概念股，包括当时的手游、互联网金融等；2016—2021年，主要投资白酒基金、酒类ETF以及部分个股，建立了医药医疗、生物技术等大健康产业的投资组合。我从书本中学到的知识、从实战中总结的经验，都让我认识到不管是美国市场长期牛市趋势下的共同基金，还是A股市场长期慢牛趋势下的基金，想要维持长期稳健的趋势，都必须做到在不同时段择时、择品。

当然我也是在不断接受市场洗礼的过程中，逐渐形成了较为系统的投资体系。2015年以前，我几乎没有遇到过个股涨幅较大的牛市。2015年我身临其境，感受着市场上的各种风波和“糖衣炮弹”，各路媒体疯狂鼓吹上证指数要冲万点、创业板指数要冲8000点。对于我来说，这是一种情绪误导，导致我的选股思路偏激进，选择了集中投资两三只股票，结果组合回撤达到了25%。我现在明白了，在热门题材概念过热时，人还是需要回归理性，讲故事类型的题材热点概念往往只适合短

期投机，绝大多数属于涨停板接力，不能作为长期投资标的。另外在股市处于高位时，我们需要留意整体市场中是否存在低估值的价值品种，要持续搜寻新兴成长股中的可持续投资机会。

我的个股投资中收益表现最好的是特斯拉。当时我持有的逻辑是，在新能源汽车行业，特斯拉全球规模第一、成长增速最快、创新能力最强、拥有全球最先进的无人驾驶技术软件与硬件，我把它视为一块金子，相信只要长期持有，它总会发光。我等待众人入场疯狂追捧，等到行业竞争者数量倍增，一拨极端行情就会出现。但在此之前，我需要面对市场上各种利空的打压。等待机会时的这段处于相对低位的振荡期，往往会让投资者失去耐心。

另外我想要强调的一点是，普通投资者要懂得及时止盈止损。我过去玩游戏从来不上瘾，做投资也一样。你建立了投资策略，就要学会分析价值与泡沫的可持续程度。如果在一个时间段内中长期认知发生了变化、组合内个股在行业中的地位开始动摇、个股相对应的行业周期发生了变化，你就需要及时结合止盈止损的目标值做出理性判断。特别是在A股市场这样一个更倾向于炒作热门赛道行业主题的环境下，“爆炒”之后就是一段挤压泡沫的艰难时期，出现回撤的概率会比较大。

至于投资策略该如何确定，我就拿投资ETF和LOF来举例，我个人认为在A股市场主要可以设置以下两种策略。

短期（以周和月为单位）：遵循趋势交易，尽量做到顺势而为，做多上升趋势，不盲目跟风短期内涨幅比较大的行业主题品种。

中长期（以季度和年为单位）：以“核心+卫星”的投资组合，构建核心宽基指数基金ETF、价值成长风格的行业主题ETF，以组合的方式增加持续稳健投资的可能性。

职业投资人，也要回归生活本身

我运气比较好，赶上了主流趋势，最近几年全球核心资产的涨幅比较大。而我比别人多做的不过就是尽早去认识市场规则，运用规则来合理分散资金，不断操练并形成合适的策略，从而达到相对稳定的投资状态。我不喜欢大起大落的投资风格，不喜欢去赌，投资中也时刻谨记尽量不去赌，不赌就可以合理地分散投资。投资中最重要的就是熟知市场规则，投资者只有知道自己赚的是什么钱，才能在市场低迷期活下来，在市场火热期快速成长。

总结 2021 年的投资，我想要跟大家分享的是，做 A 股要懂得做适当的行业主题轮动或个股大中小盘之间的轮动，寻找差异化的投资机会，能够让个人在短期内获得相对丰厚的超额收益。2022 年我个人看好的是低估的大基建领域，其他一些细分赛道中的低估领域也有很多“捡烟蒂”的机会。“捡烟蒂”，这个词在未来一段时间应该会被经常提及，顺应时代的潮流。A 股已经进入注册制时代，也不存在所谓的整体牛熊，极端分化风格会是未来的主要方向，投资者可以留意分化中存在的投资机遇。

至于我个人，很多人会比较好奇我职业投资者的身份。我认为想要做职业投资，你需要明确以下几点：

一是对自己的投资负责，心存感恩。明晰、遵守市场规则，严格执行投资策略，做好止盈止损以及风险把控，把“对钱负责”培养成一种职业态度，让自己的投资更有动力。

二是明确自己的投资目标。职业投资人的工作就是利用钱生钱来滚雪球，想要实现超额收益，就要先明确目标收益率，这样才能有所作为。

三是敢于冒险，拥抱一切可能。有些股票一年的涨幅可达 10 倍以上，还有些股票能在 10 年收获上百倍涨幅。投资中一切皆有可能，你需要具备一定的冒险精神。但也要记住，市场上有多少可能性，就有多少风险。

四是具备一定的投资技能。投资就是风险与机会之间的博弈，你需要懂得风险管理、资金运用、仓位控制，还需要具备抓住机会、建立策略组合、研究分析个股或市场走势的能力。另外，不管是技术派还是价值投资派，都需要具备相应的实战技能。

五是拥有一定的投资资金。如果你想要成为职业渔民，那么起码也得有资金买捕鱼的工具。不过资金多少算是足够，并没有严格的要求，并不是说要拥有上百万元的资金才能做职业投资。我觉得比启动资金更重要的是个人的投资能力，而且刚开始过多的资金可能还不利于新手操作。

我是职业投资人，投资只是我的工作。工作之余，我喜欢自己做点好吃的，跑跑步，钓钓鱼。投资是我增加财富的工具，增加财富的目的还是回归生活本身。于我而言，生活就是和家人快乐地在一起。

希望各位投资者都能在这场博弈游戏中获取长期稳定的超额收益！

一个成功抄底人生的投资者

不动如山君

投资笔记

经历了几年的牛市，随着资金量的增加，我的投资风格也日渐成熟稳健，现在我选择的标的大多是低估值、高股息率的公司。

低估值和高股息率相辅相成，低估往往意味着高息。在此基础上，我会关注企业的ROE和自由现金流这两个指标。长期优良的ROE往往代表企业发展经营稳定、盈利能力强，而自由现金流可以验证企业是否真的赚到钱了。

按照这样的选股思路筛选个股，最后剩下的符合标准的公司其实已经不多了，此刻只需要耐心等待“击球”机会即可。

引言 比起右侧交易，左侧建仓往往更考验人的投资眼光和心态。毕竟大家都在抄的底很有可能不是真正的底，而耐心等待价值回归，对于大多数人来说也过于煎熬。但投资市场如此广阔，总有人钟爱无人问津的投资领域，挖掘每一次投资机会。本文的主人公就是这样一位伺机等待、在危机中寻找机会的价值投资者。

6000 美元，开启我在异国他乡的闯荡之旅

我出生在四川成都的一个普通知识分子家庭，父母均是通过高考从农村走出来的大学生。虽然我从小接受着“知识改变命运”的思想熏陶，但一直都很“不安分”。高中去批发市场买文具和明信片卖给同学；大学和广告公司合作，联系同学参加展会做促销，从中收取提成，还因此被院长点名批评。这样折腾下来，我的成绩一直马马虎虎，毕业后被分配到了一家国企工作。当时我觉得生活一眼就能望到头，所以毅然决定出国闯一闯。6000 美元，是父母的所有积蓄再加上从亲戚朋友处东拼西凑的钱，我就带着这笔钱在异国他乡开启了人生的第一次冒险之旅。

出国交完第一学期的学费，6000 美元就只剩下一半了，但摆在面前的还有房租和基本的生活成本。于是我只能长期赖在朋友家的地下室，学习之余还同时打三份工，就这样才算是活了下来。但我不能止步于活下来，生存只是第一步，我得发展起来。我在打工期间结识了一个美国人，他继承了几处房产，工作就是收房租，其余时间都在享受生活。这好生令人羡慕，于是我萌生了第一个人生目标——当个“包租公”！

当时我在美国边读书边打工，虽然辛苦，全年无休，但每年可以赚到三四万美元。除去生活开支，我还能存下 2 万美元，2 万美元在当时相当于 16 万元人民币。彼时成都房价刚刚突破 3000 元/平方米，用一年的积蓄，我勉强可以买个小户型。认真思考后，我给自己制订了一个计划：每年在成都买一处房产。于是七年的美国生活结束，虽然我的功课马马虎虎，却积累了 5 套房，这也为我日后走上投资道路奠定了基础。

归国后，我找了一份相对稳定的工作。不过工作之余，我一直都在寻找下一个改变命运的机会。

资本市场的财富效应，吸引我与投资结缘

2015 年，我见证了短期内财富的爆发式增长和断崖式毁灭。全市场普涨的行情在 6 月达到了高潮，但随后指数在短短 3 个月内暴跌 45%，次年 1 月更是发生 4 次熔断，从顶部算起跌幅达 50%。个股比指数更刺激，很多个股短期暴涨 2 ~ 3 倍，随后又在几个月内暴跌 70% ~ 80%。我父亲的账户资产也是在当年从 28 万元涨到 110 万元，再跌回到 38 万元。

财富的产生、增长和消亡的过程对我影响很大，于是我开始大量阅读书籍，如饥似渴地学习各种投资方法和理论，找寻其中缘由。其中对我影响较大的两本书，一是《邓普顿教你逆向投资》，二是《投资最重要的事》。通过对这两本书的研读，我初步建立起了“在周期底部逆向买入股票”的投资思路，后期我的投资策略也深受其影响。

“人们总是问我，前景最好的地方在哪里，但其实这个问题问错了，你应该问：‘前景最悲观的地方在哪里?’”这句话出自《邓普顿教你逆向投资》，给了我极大的启发。当时港股处于极度低估的状态，市场上的主流观点认为港股流动性不足，已经被边缘化，以后估值只会越来越低。这不就是前景最悲观的地方吗？于是我第一次逆向投资的市场就是港股市场。同样，2018 年，我明显感觉到了市场的悲观情绪，当时我自建的估值系统也发出买入信号，于是 9 月我卖掉了部分房产，满仓抄底。也算是上天眷顾，这次我抄在了实实在在的底部，这也是我在股市中赚到的第一桶金。可以说，这第一桶金是阅读和思考让我赚到的。

我的投资策略：买在无人问津处，卖在人声鼎沸时

经历了几年的牛市，随着资金量的增加，我的投资风格也日渐成熟稳健，现在我选择的标的大多是低估值、高股息率的公司。热门的股票永远不会有你满意的价格，而真正的底部往往都是无人问津的。买股票和买菜挺像的，天气好的时候大家都去买菜，价格自然贵；天气不好的时候市场中买的人少，菜价自然更便宜。

低估值和高股息率相辅相成，低估往往意味着高息。在此基础上，我会关注企业的 ROE 和自由现金流这两个指标。长期优良的 ROE 往往代表企业发展经营稳定、盈利能力强，而自由现金流可以验证企业是否真的赚到钱了。比如有的企业，ROE 和利润表现都不错，但仔细一看自由现金流为负，再一看每年都大规模投入了资金进行设备维修和更新，我认为这样的企业商业模式是较差的。此外，长期稳定的派息记录

也能帮助你有效避开垃圾股和伪成长股。

按照这样的选股思路筛选个股，最后剩下的符合标准的公司其实已经不多了，此刻只需要耐心等待“击球”机会即可。我坚持这样的选股策略，2019 年我的收益率为 54%；2020 年为 22%；2021 年我采取防守策略，严格进行仓位管理，最高仓位控制在 60% 以内，最终全年收益率为 6.3%。

之所以采取偏防御型投资策略，主要是因为 2019 年和 2020 年我的收益率远超预期，再加上考虑到以茅台为代表的各种白马股经历了 2020 年的暴涨，泡沫已肉眼可见，所以我判断 2021 年会是调整较为剧烈的一年。于是，我就在 2021 年 2 月春节前后进行了大规模的调仓，主要是从前两年涨得较好的科技、医疗板块转换到了无人问津的中药和传媒板块，辅以股息率较高的 ETF，构建了一个相对保守的低估值组合，仓位也下调至 60%。

从结果来看，这样的调仓策略是正确的，2021 年全年沪深 300 指数下跌 5.2%，而我的收益率为 6.3%，跑赢了沪深 300 将近 12 个点。我一直认为只用短期收益率来衡量一个人的投资水平其实是不科学的，真正对投资能力的评估必须考虑获得单位收益所承担的风险。2021 年我的收益率虽然比不上多数“球友”，但却是我在承担极小风险的情况下获得的，对此我非常满意。

我非常认同沃尔玛创始人山姆·沃尔顿的这个观点——只有买得便宜才能卖得便宜。我们可以用市盈率、市净率、股息率等指标判断一个标的是否便宜，如果这些指标都处于历史低位，那么很大概率我们是不会买贵的。但在此之前，你需要了解每个标的的特点。以红利 ETF 为例，它的内生性增长率在8%～10%，所以在你买入的那一刻，你就要清楚你的年化收益率大致也就在这个范围了。如果你的预期收益率在20%左右，红利ETF就不是你的理想投资标的；假如你的预期收益率设定在5%～8%，可以选择“固收+”或者债券型基金；设定在8%～15%，宽基指数是不错的选择；如果你的预期收益率大于20%，那么就只能去投资股票了。

此外，就我而言，决定卖出股票一般基于以下三种情况：已经达到了目标价格，发现了更好的标的，投资标的的基本面发生了改变。这就是我卖出一只股票的逻辑，除了这三种情况，我一概“不动如山”。

我以前喜欢下围棋，信奉“通盘无妙手，善战无奇功”，所以我在投资上没有特别高的收益，但也没有特别大的亏损，整体呈现缓慢稳定增长的态势。

要想实现长期稳定的增长，首先要对自身有清醒的认知，知道自己“知道”的，更要知道自己“不知道”的，其中后者更难做到。若是觉得自己什么都懂了，满眼看着都是机会，最后免不了要吃大亏。很多投资机会的确美妙，但超出了自己的认知边界，是很难能拿住的。股市里的机会很多，但个人无法把握住所有机会，也没办法学会所有东西，其实只要对自己能把握住的机会有清晰的认知，反复去操练、实践就足够了。

投资是生活的一部分，二者并不矛盾

早期在美国打工的经历让我认识到努力工作只能积累有限的财富，不断提高被动收入才能摆脱无休止的劳动，才能有更多时间思考个人发展。

现在很多初入股市的投资者，资金量不大，却常把投资和生活放在对立面看待。很多投资者感觉自己的生活和投资之间存在摩擦，对此我建议可以换个角度看待投资。投资的许多思维理念，比如逆向投资、价值投资都可应用于生活的方方面面。所以在我看来，投资是生活的一部分，同样的，你的父母、爱人、孩子或朋友与你的投资也并不是割裂开的。

如果对于你来说，这两者的矛盾来源于暂时无法盈利，那么我建议可以先多阅读思考，积累一定的投资见解和能力。其实大家初入股市，资金量不大，所以即使“交学费”也不会损失太多，主要还是先积累经验，多经历一轮牛市或熊市就能获取超出预期的经验。

三个黄金的十年，一路向阳不断前进

仁布投资李德亮

投资笔记

我的投资策略主要有三点：

第一，通过宏观和大类资产配置控制回撤，在一定胜率的基础上择时。

第二，在做绝对收益的过程中，我们会引入一些股指期货、场外工具，进一步优化组合。

第三，在行业和个股配置中坚持守正出奇。所谓守正，即寻找行业龙头，能及早发现龙头；所谓出奇，就是能够有比其他同类市场参与者更具前瞻性的认知，能够赚取一些特定行业和特定个股的超额收益。

引言 他是一个机械狂，热爱与机械有关的一切，热衷于收藏变形金刚手办，战斗机、坦克的模型；他是一个摇滚音乐爱好者，身在摇滚乐黄金时期，与勇于表达不一样态度的摇滚歌手感同身受；他是一个热衷于人文历史的读书人，翻阅万卷书籍，走万里路。他是仁布投资基金经理：李德亮，低调且极具个性。

一个规划性很强且乐观的人

我是一个规划性很强的人，在某些阶段到底想要学什么专业，在某个时间段想要达成什么目标，我都会提前做好规划。我的职业生涯可以用三个十年来定义：第一个十年，在公募体系不断积累经验和接受历练；第二个十年，在私募里用5年的时间把公司从0做到1，再用5年的时间从1做到10，让公司能够生存下来，再做强做大；第三个十年，建设资产管理公司的人才梯队。总结下来，我对自己职业生涯的规划是：第一个十年是历练，第二个十年是成长，第三个十年是升华。十年磨一剑，千锤百炼才能有所得。每一步按照所规划的方向去做，当遇到困难时，也会及时调整与修正，一步一步地向目标靠近。

同时，我是一个比较乐观的人。做投资的人，如果对未来不乐观的话，压力是非常大的。你如果是一个悲观者，对中国经济的未来没有乐观的预期，那么在投资市场上想走在前面是很难的。在遭遇阶段性的低谷期时，我们要学会抵御外界和内心带来的双重压力。人生如逆旅，我亦是行人。有一颗豁达且乐观的心是整个投资生涯能够持续的重要因素。回顾我的投资生涯，除了个别情况可能会有一两天睡不好，大多数时间，面对市场波动，我还是会用平常心看待的。

第一个十年：历练没有终点，但可以花开万里

我在清华大学五道口金融学院读研究生，初期就是自己炒一些股票，不是系统性的。直到2005年毕业的那一年，我才有了明确的方向。面对就业选择，对于学金融的学生，投行是一个非常不错的选择，并且收入也高，我的规划也是毕业后要去某个大的券商做投行。但是一个偶然的机会，在交银施罗德的面试中，恰巧投资总监是我的师兄，他跟我讲了做投行和做投资最主要的区别。他说："投行跟投资，你只要做得好，收入上不会有太大的问题。区别是投行需要有一个平台做业务，但是投资，在职业生涯里，你如果做得足够出色，哪一天你不想给别人打工，可以成立一家私募，或者做个人专业投资者也是不错的选择，所以投资对个人单兵作战的能力要求是非常高的。"他的话深深影响了我，最终我选择了与研究生阶段实习完全不相关的行业研究岗位，并顺利进入了公募行业。

我从化工和医药板块的研究员做起，因为要从研究员转到基金经理，你需要有全面的框架体系，既要有周期的框架，也要有成长的框架。这两个行业的研究工作，对于我的成长和周期框架体系的建立，以及行业覆盖面的扩大都非常重要。之后我做了一年半的基金经理助理，主要关注消费电子和计算机领域；然后做了两到三年的基金经理，管理规模在40亿~50亿元，管理两个股票型的产品。

我的投资之路相对来说弯路少一些，在合适的时间进入了一家非常学院派且特别注重基本面的公募基金。我的每一步成长都带着深深的学院派烙印，这也让我在价值投资的道路上不会出现太大的偏离。七年左

右的研究工作，不到三年的基金经理生涯，比较宽泛的行业研究，让我在系统性的历练中，建立了扎实的自上而下的宏观分析框架，具备了均衡配置的能力。然而，历练并没有结束，下一个十年仍在等待着我。

第二个十年：半山腰太挤，你总得去山顶看看

结束第一个十年在公募行业的打磨，我进入了私募行业。我进入的时间并不是特别好，2016—2018 年，一年熔断，一年熊市，只有 2017 年还可以。尽管最开始创业的三年是最艰难的，但是人要有乐观的心态。要知道，再长的路，一步步也能走完；再短的路，不迈开双脚，也无法到达终点。只要努力过了，当转身回味时，即使结果不尽如人意，也要接受时间带来的现实。

资产管理行业是非常残酷的，如果拉长来看，有一部分基金经理在行业里是没有价值的，第一种是跑不赢指数的基金经理，第二种是在市场的 1/2 分位数以下的基金经理。跑不赢指数，跑不赢市场的中位数，那么你对投资者就没有价值，投资者就不会选择你。当你发现自己没有创造价值，唯一能做的就是调整心态，坦然接受，然后继续努力，追求更好的结果。若一心想要事事顺意，反而会深陷计较的泥潭，不能自拔。人活一世，心态比什么都重要，尤其是在投资上。

我的投资理念是比较个性化的。在不同的国情下，你的资金属性是不一样的，简单来说，你要找到匹配你资金属性的投资方法。你要针对你的资金属性来修正一些理想化的投资理念和投资逻辑。

对于国内的资金属性，私募基金经理至少要在短期内给客户树立一

种特别长期的投资理念，是任重道远的。基于目前特定的国情，我的投资理念首先是强调回撤控制，让客户有好的持有感受；其次是追求高水准的收益率，追求夏普比率最大化。

我的投资策略主要有三点。

第一，通过宏观和大类资产配置控制回撤，在一定胜率的基础上择时。

第二，在做绝对收益的过程中，我们会引入一些股指期货、场外工具，进一步优化组合。

第三，在行业和个股配置中坚持守正出奇。所谓守正，即寻找行业龙头，能及早发现龙头。所谓出奇，就是能够有比其他同类市场参与者更具前瞻性的认知，能够赚取一些特定行业和特定个股的超额收益。

第三个十年：最好的时光在路上，一路向阳

从事投资这个行业没有生活和工作的区分。比如投研人员，基本上每天从睁开眼睛到睡觉之前，一直处于工作状态，因此从事这个行业亏欠最多的是家人。人的时间是有限的，你要保证工作做得很好，那么必然会减少在家庭投入的时间。

作为一名投资人，在做好投资的同时，还要营造一个好的家庭氛围，这对抚平你在投资中面对波动产生的不良心绪也是有帮助的。例如，某一天市场暴跌，每个人，尤其是做绝对收益的人，都不会特别开心。但当你回到家里，看到健康的父母、温暖的另一半、努力的孩子，会让你波动的情绪得到很大的缓解。家庭是投资路上的暖心石，无丝竹

之乱耳，无案牍之劳形，可以调素琴、阅金经。

最后我想说，面对市场波动，我们能否扛得住、能否看得远，取决于我们是否在赚取认知范围内的钱。这种认知就是对未来中长期趋势的判断，而我认为投资中最重要的事情就是——对未来社会变迁和产业发展趋势的前瞻性研究，并且能够逐步跟踪这种趋势。

进阶之旅

投资是一场自我修行

人生最好的投资，就是投资自己。

他们不甘平凡，倾其一生改变自己；

他们追随市场，不断完善投资逻辑。

他们书写着自己的“奇迹”，

最终成为更好的自己。

市场上没有神，明白自己赚的是什么钱才是道

赛艇队长

投资笔记

在选股方面，我有自己的一套标准，比如我会深度研究各个公司的财务报表，从三个维度进行考量。

一是市场占有率。我只选择市场占有率前三的公司。

二是财务三大表清晰，没有硬伤。如果公司运作太过于复杂，出现硬伤会导致全盘皆输。

三是公司股权质押率低，要减持的股东少。公司股权质押率高，一定是资金比较紧张，在市场动荡不安的情况下，可能会死在黎明前；而减持股东多，则会长时间压制估值。

引言 “90后”，北京人，多次自媒体创业者、业余调酒师、金融从业者、资深航运投资人，我们很难想象当这些标签汇聚到同一个人身上，他的人生经历会多么绚烂，他的生命会有怎样的厚度。正如他的名字@赛艇队长，他一直在与命运竞渡，在广袤的时间长河中寻觅永恒的价值。

自己的命运要自己把握

我是土生土长的北京人，标准的“90后”。虽然在很多人眼里“90后”年纪不大，但我已经步入了而立之年。

17岁对我来说是一个分界点。17岁以前，我和大多数北京孩子一样，在父母的庇护中长大，平平淡淡地学习、考试、升学，成绩不算差，但是也不算顶尖。如果用一个词对我17岁前的人生做一个总结的话，那就是：普通。

我的家人比较老实，都是本本分分的工人，既不会攀关系，也不会阿谀奉承，在最底层工作，几十年如一日。我母亲在电车公司工作了一辈子，刚上班的时候一个月拿23元工资，这在20世纪80年代已经算是比较高的收入了，但是最后退休金也才不到3000元。

很多人对于北京人的刻板印象就是家里有房，房子很值钱，所以北京人有钱。其实，这只是部分北京人的现状。以我家为例，从我出生到14岁，都是和父母住在大杂院中，三个人挤在建筑面积24平方米的小房子里，这已经是很不错的了。我爷爷奶奶两个人住在12平方米的房子里，真的是进了屋就上炕。而这也是单位分的房，产权都不是自己的。即便如此，作为家中的独生子，父母也没有让我受过穷，别人能吃到的我也能，别人能买的玩具，我会得到 2 个。父母希望我无论是学习还是生活都要处处争第一。

2003 年我们遇到拆迁，我家所在地修建了现在的玉河公园，也就是南锣鼓巷对面的那片区域，紧邻平安大街。拆迁费 8000 元/平方米，在当时就是天价了，然而我家只有 24 平方米，加上各种奖励和补助，最后也不到 30 万元。当时拆迁政策有两项：要么给天通苑的房，不给钱；要么给钱，不给房。那时候天通苑还是一片庄稼地，很荒凉，而我又在东城区上学。为了让我上学更近一点，家里只能选择要钱。最后我们在潘家园买了一套小两居。很感谢政府，能让我们一家人有机会住上更大的房子。

但是我们全家也就这一套房子，从小父母对我的教导就是：父母管你小，但是未来要你自己去挣，家里没能力帮你走更远。

自己的命运要自己把握。这对我今后的工作和投资都影响深远。

少年老成，并非天生，而是源于苦难的经历

2009 年，祖国 60 岁生日，我 17 岁。在那一年，我站在天安门广场上成为“翻花方阵”的一员，也是在那一天，我父亲确诊了肝癌晚期。

我从小跟随父母长大，由于种种历史因素，父亲没有工作在家照顾我。不假手他人，是因为他们希望孩子和自己最亲。父亲不爱去医院，生病都是自己找药吃，而那次肝腹水已经很严重了，才去协和医院治疗，但是已经太晚了。

记得那时候父亲每天都要打人血白蛋白，很贵，还需要自费。父亲就和我们说，不治了，反正也治不好，白浪费钱，还要存点钱给孩子上大学。

在医院保守治疗半年后，我们就回家了。回家不到半年，父亲走了，那年我 18 岁，刚刚成人。

在医院半年的治疗，基本上花光了家里的积蓄。所以我上大学的时候，没向家里要过 1 分钱的生活费，全靠自己在外面打工。考上大学的那个暑假，我去了一个英语培训机构发传单，一个假期赚了 800 元。后来又去必胜客端盘子、刷碗，时薪 11 元，每个月干满 96 小时和 150 小时还分别有 500 元提成，那时候我一个月打工就能赚两三千元，和母亲的收入差不多了。这也使我对金钱格外敏感。金钱来之不易，我也舍不得花，在学校每天生活费也就 10～15 元，美其名曰：不饿，减肥。

少年老成，并非天生，而是源于苦难的经历。

自那以后，我不愿做一个平凡的人，我希望与天斗、与人斗。人活一世，庸碌平淡是一生，精彩绚丽也是一生，为何不尽所能、倾全力活一生呢？

这既影响了我的为人处世之道，也影响了我的人生观和价值观。

两度创业，才知道金融是我一生所爱

因为本科学的是金融专业，所以我一直在金融圈摸爬滚打，券商和公募都做过。当然，专业只是给我做投资打了一个并不扎实的基础，真正入门还是靠后面不断的实践。

本科毕业，我正好赶上2015年的大牛市。找工作面试当天，我持有的股票涨停了。那只股票叫东方电气，而涨停的原因是市场炒作核电概念，东方电气作为华龙一号的合作方，跟着板块一起涨停了。面试的时候，我给面试官展示了我的股票账户，就顺顺利利通过了，毕竟有实盘经验的毕业生很少。

2015—2017年，我在券商工作，这期间经历了牛市的暴涨，也经历了熊市的暴跌。我也真正意识到市场的可怕，以及股民的癫狂。在我的客户中，有28岁账户资产就达50多万元的，也有30岁就开上保时捷的。当时23岁的我很受震撼，我第一次知道，人与人的差距有这么大。

当然，后面我以更快的速度超越了他们。

从券商出来后，我和大学室友拿着我们为数不多的积蓄一起开启了创业生涯。2017年公众号刚刚崛起，我们利用双方的资源，打造了一个音乐类垂直门户网站，同时开始运营自媒体平台。

为了节省资金，我俩挤在顺义的一个小平房里，早中晚饭全都自己做，冬天暖气不热，就买了个小太阳凑合过。

但是当时毕竟太年轻，没有意识到音乐类平台没有版权寸步难行，在我们有了一定流量后，确切说是做到垂直类自媒体前五后，律师函和起诉书扑面而来。

那时我只有25岁，每天奔波于工商局和网信办，最后撑不下去了，只好解散。我的合伙人是一个很棒的人，后面公众号等自媒体的所有运营都给了他，这几年经过不断更改方向，现在依旧运营得有声有色。

从23岁到25岁，从小有积蓄到孑然一身，可能这就是轮回。

后来我又去过一些金融机构，也二次创业做过基金自媒体，然后被并购了。现在的我有一份收入比较可观的主业工作，能够给我提供源源不断的现金流，相当于获得一个贝塔收益；副业是炒股，寻求一份高额的阿尔法收益。

大学赚到第一桶金，令我错把运气当实力

我第一次入股市是 2014 年。那年我大三，室友的爸爸是一个资深老股民，据说炒股 10 多年，除了没赚钱哪都好。在室友的影响下我入市了。

当时入市的钱一部分是我打工攒的，还有一部分是我四年的奖学金，一共凑了 3 万元。因为这是我的全部积蓄，所以我格外上心，就像是把 K 线图通过网络连到了我的心脏上一样。

我算是运气比较好，在牛市前夕进入股市，当时重仓了中航资本(现在叫中航产融)，说来也很巧，2014 年 8 月初，我刚买完它就停牌重组了。中航资本作为中航集团的金融控股平台，吸收合并中航信托、中航证券、中航租赁等资产。一停就是 4 个月，这期间牛市启动了，先是券商暴涨，后是银行接力，大盘暴涨 50%，来到了 3200 点。

复牌之后，中航资本就开始涨停，一口气 7 个涨停，收益直接翻倍。

可想而知，对于一个刚入股市还没毕业的学生，特别是像我这种平时都不敢花钱的穷学生来说，每天入账 2000 元是什么感觉。

当时我心里只有一个想法：广阔天地，大有作为！瞬间感觉全世界

都是我的，我就是金融圈的巴菲特。毕竟年轻气盛，人不轻狂枉少年。

为了能更好地赚钱，我开始学习技术面和基本面。每一次股价涨跌，我都会用笔记录在纸上。当时百度贴吧很火，我每天混迹于贴吧，久而久之，混到了当时百度股市风云吧的小吧主。我会把当时大家总结的比较有用的选股图形，用软件自带的选股器编程下来，然后一键执行，选出相似走势图的股票，分享给贴吧的吧友。

当然，在牛市里，各种技术图形都有用，到了支撑位就涨，到了压力位就跌。当时的我很有成就感，选出来的股票都在大涨，感觉自己掌握了财富的密码，丝毫不觉得是牛市的功劳。而到了熊市，这些全部失灵了。这也造成我在牛市获利颇丰，在熊市直接“回到解放前”。

随着市场转熊，加上我忙于工作，时间少了，慢慢就淡出了贴吧。

路径依赖成为我日后亏损的根源

投资中航资本的成功，也为我日后的失败埋下了伏笔。

由于第一桶金是靠买中重组股得来的，所以后面我就以搏重组股为生。路径依赖成为我日后亏损的根源。

为了能提高买中重组股的概率，我开始大量翻阅央企改革、国企改革相关政策文件，研究目标公司的股权结构，关注董事长的讲话，深度挖掘年报中的关键词。

后来我也买中了很多只重组股，包括秦岭水泥（现在的中再资环）、深赛格、一汽轿车（现在的一汽解放）等。有的获利比较多，有的亏损，但是整体是赚钱的。

2017 年 4 月，雄安新区规划横空出世。作为一个千年大计，我必然要深入研究。当时市场上所有和雄安沾边的股票都是连续涨停。为了选中一个靠谱的雄安概念标的长期持有，我翻阅了所有相关的股票，并观察它们的强弱程度。

考虑到建设新区，地产先行，我把目光锁定在地产板块。我观察到廊坊发展这只股票先是 6 个涨停，算是板块中的强势股票；但之后公司发布了 2016 年年报，由于亏损被退市风险警示，之后开启连续跌停，一口气从 29 元跌到 12 元，非常惨烈。

我在研究它的历史和财报中发现，廊坊发展是廊坊市唯一的上市公司，而且是国企。在 2016 年恒大举牌事件中，廊坊发展和广州的嘉凯城成为举牌比例最高的上市公司。截至现在，恒大地产依旧持有廊坊发展 20% 的股份，为其第一大股东。

2017 年环京的房地产开发如火如荼，燕郊、廊坊、大厂、固安等城市的房价一天一个样，疯狂上涨。我在北京，特别能体会到环京地产的疯狂。

恒大地产的战略一直是发展三、四线城市，所以环京的楼盘中，恒大地产占了很多。我猜想，恒大地产这么大比例举牌廊坊发展，可能就是想要廊坊市的土地资源，把廊坊发展打造成一个融资平台，注入部分地产资源。以我投资重组股多年的经验来判断，廊坊发展的风险收益比很高，值得买入。

当时我把廊坊发展的未来前景分为上、中、下三种情况。

上策：恒大地产将旗下资产注入，廊坊发展成为恒大地产在北方地产市场布局的核心，依托于恒大地产的实力和廊坊的地理优势，成为第二个华夏幸福。

中策：廊坊市国资委不同意恒大地产重组，那么有可能自己注入旗下的资产，并进行非公开发行，增发股份，由廊坊市国资委全额认购，提高持股比例，稀释恒大地产的股权。2016 年，廊坊市国资委就因为控股权的问题不断增持过。

下策：双方都不注入核心资产，但是作为国企，又是廊坊市唯一上市平台，在当年的大背景下，几乎不可能退市。廊坊市国资委一定会想办法保壳，这个在投资者问答和年报里也有相关的体现。但是无论采取什么样的手段，只要摘帽成功，都会有一拨行情。况且还有雄安新区这个可能会持续炒作的热点，怎么看都不会输。

我在 13 元买入了半仓，又在 10 元买入了另外半仓，综合成本在 11 元左右。很不幸，后来房地产遇冷，又赶上 2018 年的大熊市，地产企业上市被叫停，而监管层也开始严禁炒作雄安概念。廊坊发展的股价一路下跌到了四五元。我在一次反弹到 7 元的时候，全部割肉了。

痛定思痛，我意识到我的策略有问题了。在壳资源稀缺的年代，搏重组股成功率很高，而且收益丰厚。但是在注册制下，壳资源根本不值钱，能直接上市的全都选择 IPO 了。市场上 ST 股的市值不断刷新下限。如果不改变策略，我的投资之路就到头了。

市场的捶打让我在古老且永续的航运行业看到希望

割肉之后，我开始研究周期。

为什么是周期股而不是赛道股呢？这其实和我的投资习惯和性格有

关，无论是买重组股还是投资其他股票，我喜欢左侧交易，不喜欢右侧。而周期股大幅波动，底部很低、顶部很高的特点很适合我做左侧交易。

经过这几年市场的不断捶打，我慢慢开始倾向于选择古老且永续的行业来投资。这样我就不用担心技术变迁或者科技革命对我的投资造成不可逆的损害。

航运业恰恰符合这一点。

我关注航运业是因为 2019 年彼得·林奇在一次采访中表示，他看好航运业的反转。相关采访记录如下：

我正在寻找那些一直表现不太好的行业，它们由于某种原因可能会变得很好。比如海运业，如果你现在想买一艘船，则需要等待两年或三年，船东已经很久没订过新船了，因为等到船来的时候，价格可能再次下降。而能源服务业糟糕透顶，未来一两年会发生重大变化，我正在购买那些我认为不会破产的公司。

航运是一个非常古老的行业，自从远洋船只被制造出来，人类开始征服大海，航运业就孕育而生。

一方面，航运业依托全球贸易，只要七大洲无法因地壳移动而连接到一起，航运业就永远不会消失。差别只是贸易需求变动，导致行业周期性变化。只要我深入研究这个行业，发现先行指标，通过周期波动，自然就可以获利。

另一方面，世界格局动荡也会导致各国越发重视能源安全和物资安全，比如石油资源、天然气资源、煤炭资源、粮食等，很多国家都在通过不同的形式来保障这些资源的安全。

我认为，在动荡的格局中，美元霸主地位会被挑战，出现各种脱节，但是相关能源却不能脱节，世界会以各种方式进行能源交割。在这个过程中，能源将充当“一般等价物”的角色，最终世界将建成以能源为核心的新体系，可以称之为“布雷顿森林体系 3.0”。而航运就是为能源运输保驾护航的行业，我认为未来会有较长的一段景气周期。

我花了 3 年时间把集运、干散、油运、LNG 等都学了一遍，希望再花 1 ~2 年去印证自己的逻辑。

逻辑自洽、标准清晰，使我 2021 年收益创新高

投资这件事，付出不一定有回报，但是不付出一定没有回报。

2021 年是我投资收益最高的一年，主要原因有两个：

一是本金的提升。我一直认为年轻人应该主要去提升工资收入，快速积累本金。比如我在大学第一次做投资时账户里只有 3 万元，就算增长 10 倍又能如何？况且增长 10 倍的难度太大了，我不觉得自己有这个天赋。应该等本金积累到一定程度后，再通过投资获取“睡后收入”。2015—2020 年，我都处于积累本金、不断学习和实践的过程。

二是自己的投资逻辑被验证了。从 2019 年追踪航运业开始，先是油运再是集运，相关公司的股价都远超市场平均涨幅。

其实赚钱只是一个结果，是一个表象。而更深层的是对行业的研究、对行业背后逻辑的梳理、对公司的选择，以及对资产配置的把握。

我研究航运业的时间超过了 400 个小时，相关公司的年报都是反复看，各种卖方的路演和管理层的路演也会去听，这样才取得了这个

收益。

在选股方面，我有自己的一套标准，比如我会深度研究各个公司的财务报表，从三个维度进行考量。

一是市场占有率。我只选择市场占有率前三的公司。好学生每次考试保持80分，要比差学生从20分考到60分容易。虽然差学生逆袭能带来非常丰厚的回报，但是概率太低了。

二是财务三大表清晰，没有硬伤。比如不存在“大存大贷”或者关联公司挪用账款的情况。如果公司运作太过于复杂，出现硬伤就会导致全盘皆输。

三是公司股权质押率低，要减持的股东少。公司股权质押率高，一定是资金比较紧张，在市场动荡不安的情况下，可能会死在黎明前。而减持股东多，则会长时间压制估值。很多企业的估值确实很便宜，但是因为大小非（非流通股）的减持，会低估1～2年，巨大的筹码抛压会让公司脱离基本面。这种企业我会持续观察，但是不做买入决策。

同时，我还会考量公司管理层。我通常会看管理层是否积极和投资者沟通，比如在上证E互动中的回答是否走心。管理层的好坏对公司估值影响巨大，只有投资者和管理层上下一心，才能让公司的价值得以体现。

有些公司的管理层非常自傲，觉得没必要理会投资者怎么想。我认为，这种情况在过去没有问题，但是在未来会出大问题。一家公司上市就意味着成为公众领域的企业，无论股东的股份有多少，其拥有的权利是一致的。当投资者处于弱势的时候，可能问题不大。一旦投资者慢慢成熟，就会变成大问题。聚沙成塔，再小的力量聚集在一起，也会成为狂风暴雨。我相信随着中国资本市场越来越成熟，管理层的很多错误操作都会被中小股东纠正过来。

此外，我比较看重资产配置。我的资产配置包括A股、港股、美股、基金、现金。资产做到全球化配置，一方面可以分散风险，另一方面可以持续追踪全球市场的动态。具体执行中，对自己熟悉的市场，可以配置较大比例，形成金字塔形的结构。A股作为最下层的“基石”，也是收益来源的保障。美股作为中坚力量，起到平衡作用。港股作为塔尖，比例小，波动大，去承担最大风险，获取最高额的回报。

A股是我最熟悉的市场，很多上市公司也是我们在生活中可以见到的，所以我会把绝大部分仓位放在A股。而港股和A股的关联度在加强，作为互联互通的市场，港股有着极低的估值，很多“A+H”的股票都是H股估值更低，机会也更大。细心的人会发现，如果一只“A+H”股票在上行周期，往往H股涨得更多。但是港股我只会选择“A+H”的企业或者稀缺资源，其他大部分港股是不值得投资的。

明白自己赚的是什么钱才是道

投资本就孤独，就像在黑暗中独自行走。如果能在黑暗中遇到志同道合的人，是一种幸福。就如同人的一生，可能会遇到很多人，但是真正能成为知己好友的，可能也就两三人而已。

在投资中更是如此，遇到同样逻辑、同样思想的人太难了。在交流中不断成长，取其精华，去其糟粕，是非常重要的。

每个人都有自己习惯的投资方式，左侧也好，右侧也罢，方式没有好坏之分，只要自己舒服，完全没有必要进行价值或者赛道之争。

投资就是为了获取收益，不管黑猫白猫，抓到耗子就是好猫。

投资中最重要的是有逻辑。有自己的投资逻辑，可以独立思考，而不是人云亦云，只有这样才能把握自己的节奏。

比如你是技术分析派，跌破技术指标就卖，形成买入指标就买，不能跌破技术指标，你又开始分析基本面。同理，你是基本面派，在基本面没有变的情况下，你不能因为破了技术指标就卖出。

投资逻辑一定要自洽。只有这样，你才能在适合自己的道路上不断成长。

在市场上只有人，没有神。所有人造神都不堪一击。因此我们要敬畏市场，不要试图驯服市场。我们要跟着市场学习，它才是你投资路上最好的老师。

投资是一个修心的过程

投资占了我生活的很大一部分，可能有的人家庭幸福、感情丰富，这些都可以填充他的生活。但是对于我来说，这两个都没有，只有成功的事业和投资才会让我比较充实。所以，很多时候股价大跌、账户缩水，真的让我很难受。最难受的时刻就是逻辑对了，但是股价没对。比如，我很早就发现了集运大周期，从中远海控复权前的4.5元就开始买入，一路加仓，中远海控的净利润也从几亿元提升到上千亿元，虽然股价也涨了，但是涨幅远远小于其他集运公司。在行业创造历史的景气环境中，股价还出现了50%的下跌，使得公司市值跌破近3年的净利润。

虽然其中也有行业和市场的问题，但是创造历史的极限估值还是让我非常难受。

投资真的很难！最大的难处在于等待。

每一次下跌对投资者来说都是修行的过程，而我们能做的只有等待。很多人都想赚快钱、赚大钱，希望买完就涨、卖完就跌。但是，对不起，市场并不以人的意志为转移。

我们要学会等待，等待你的逻辑被验证，等待股价慢慢上涨，等待公司慢慢成长。

慢即是快。

一位大学老师的投资之路

罗斯贝

投资笔记

赚公司或者行业估值提升的钱要比单纯赚公司业绩增长的钱更容易，市场还是更喜欢业绩增长快、确定性强的行业和公司。在流动性宽裕的时候，这种在业绩增长快、确定性强的赛道的公司会享有很高的估值，并出现泡沫。

我认为，最好的状态是能够接受这些好赛道的估值泡沫，但内心要有一杆秤，能够认清楚现在有没有泡沫、估值泡沫有多大。具体操作的时候要借助趋势的力量。

引言 他是一名大学老师，人生的大部分时间都是在学校和研究所度过的。在科研之外，股市是他的另一兴趣所在。2013年，他在研究生室友强哥的熏陶下，翻开了人生第一本关于投资的书籍——欧奈尔的《笑傲股市》，由此买入了第一只股票，并在随后的市场狂欢中赚到了人生的第一桶金。

对他而言，科研和投资是相辅相成的：做课题时需要做大量的文献调研，了解细分领域的最新研究进展，这对提升对公司的基本面研究，尤其是对科技类公司的调研能力大有帮助，而科研的分析方法和思考逻辑也对投资有很好的指导意义；在投资公司和行业时，常常能接触到一些新兴行业和前沿市场，不断吸收新的东西，有时候甚至能帮助自己打开科研的思路。

手持《笑傲股市》，意气风发初入市场

我是1989年生人，从6岁到29岁走过了小、初、高、本、硕、博的学习生涯，2018年博士毕业后进入国内一所高校工作，目前是一名大学老师。我的学习和工作经历也比较简单，基本上一直在校园和研究所度过。读博期间我在国家电网的一个研究院做了1年的访问学习，在美国的一个研究所做了不到2年的访问学习。

我与投资结缘是在2013年年底，那时在读研，宿舍的强哥在炒股，我在强哥的熏陶下也进入了股市。父母正好有20多万元银行理财在我银行卡里，于是，胆大的我背着他们把这20多万元投到了股市。

强哥给我推荐了一本欧奈尔的经典著作《笑傲股市》，我主要看了其中有关技术图形的部分，看完后就开始在市场中寻找欧奈尔书中所说

的“茶杯柄”结构，发现烟台冰轮这只个股的形态完全满足，于是就全仓买入了。也是运气好，随后烟台冰轮拉出了50%左右的涨幅。于是我自信心爆棚，准备寻找其他“茶杯柄”结构，但2014年9月前的A股市场都比较熊，很多突破都是假突破，第一次的好运并没有再现。

后续我在追涨杀跌中不但把烟台冰轮赚的利润全部吐回，还亏掉了几万元的本金。因为当时还在读研，没什么收入，也没有告诉父母我炒股这件事，所以心理压力还是比较大的。好在2014年9月之后A股市场迎来了一次大牛市。我也靠着找欧奈尔的“茶杯柄”结构和突破买入大法先后在沪电股份、庞大集团等个股上获得了比较好的收益。那时候我是不看基本面的，完全凭借技术面买卖。2015年6月牛市最高点，我的市值翻了很多倍，26岁的我，走路都能飘起来。但随后股市大跌，我在短短两周内利润大幅回撤。回撤30%多的时候，我从市场抽身了。

随市而变：基本面与趋势结合

一直到2019年，我都还是按照之前的方法在炒股，整体下来有赚有赔，2016—2019年总收益20%左右，其间还坐过几次很剧烈的“过山车”。这也促使我开始更深入地学习和思考，也开始认识到A股市场已经发生了很大的改变。

2014—2015年流行“炒小炒新”，因此在那种市场环境下，只要方法得当，只看技术面不看公司和行业的基本面，也可以取得较好的投资回报。但自2019年开始，外资进入、机构壮大以及市场的扩容，使市场风格明显改变。我也开始意识到行业分析和公司分析对投资的重要性。从2020年开始，我加大了对行业和公司的研究，将其融入自己的投资体系。2020年年初至2021年8月，可以说获得了比较满意的投资收益。但投资是一场长跑，短期盈利并不能代表什么，路还很长，还需要不断学习、成长。

投资是我们基于对未来的预测而在当下做出决策，而对未来预测的准确度，一方面取决于我们对市场规律的认识，另一方面取决于我们通过调研，对市场、行业、公司现状的了解。

我现在的投资思路主要是将基本面分析和趋势分析相结合，并且融入概率思维。关于基本面，我会从行业赛道、公司发展的“天花板”(市场空间)、行业的竞争格局、公司的护城河以及公司产品的渗透率和市占率等角度去研究。这些信息主要来源于深度研报、专业文献、市场调研、公司调研等渠道。

由于个人精力有限，我并不是所有的持仓标的都可以做到深度研究，因此，对于看好但研究不是很深入、把握不是特别大的公司，我会控制仓位；对于看好且研究较为深入、把握较大的公司，我会重仓持有。另外，股价运行趋势也是我投资的一个重要参考指标。

成功与失败：中国中免与宝光股份

因为我持仓不是过于集中，所以成功的投资案例其实挺多的。比如中国中免、昭衍新药、沃森生物、北方华创、全志科技等。以中国中免为例，我在2020年6月建仓，主要基于以下买入理由：新冠肺炎疫情影响下消费回流及国内免税政策支持（特定时期下的好赛道)、公司的行业地位和规模壁垒（护城河、市占率、竞争格局好）、国内消费升级叠加免税新政（海南免税商品渗透率有进一步提升的空间）。从技术层面看，股价趋势明显向上，估值也不算贵。2020 年 8 月开始震荡盘整，我在 200 元左右卖出。虽然卖出了，但中国中免还是在我的自选股里面。因为我对它的基本面已经比较熟悉，所以在同年 12 月股价再次走出上升趋势时，我又买入了。其实那个时候估值已经不便宜了，是有泡沫化的趋势的。但我对于高景气度行业的泡沫化估值并没有很抗拒。同时我在心里告诫自己，要认清公司的估值到底是贵还是便宜，不能在估值高位迷失方向，从趋势投资变成长期持有。次年 3 月，市场回撤比较大的时候，该股的上升趋势也明显被打破了，于是我在 300 元左右清仓了。

我的典型失败案例是在 2016 年 11 月 25 日全仓打板追高宝光股份。这件事我印象很深，当时我在美国，那天正好是感恩节，晚上在一个当地人家里做客吃感恩节晚餐。晚餐的时候，我在 A 股开盘前专门跑到洗手间用手机挂了买单。当时敢在高位全仓追高是因为一则消息：宝光股份被举牌，而且实控人可能变更。其实当时技术面、基本面（虽然我那时候炒股也不看基本面）都不会构成我买入宝光股份的条件，但我还是被这个“利好”消息弄得上头了，短短三天就亏掉 20%，然后止损了。现在回头看，我买入的时间点正是宝光股份的历史高点。这次投资让我明白：散户千万不能听消息去买股票。

关于投资，科研给我的启发

这些年的科研经历对提高我的调研能力、分析问题能力和逻辑思维能力有比较大的帮助，对我的投资起到了很重要的作用。在做了老师后，我越发认为费曼学习法[①]是一种非常高效的学习方法，因此我平时会发一些帖子，一方面是和大家交流互动，另一方面也是为了提高自己对市场和公司的认知。

我的专业研究方向是数值天气模拟和预报，简单来说就是通过计算机编程建模的方式去模拟大气的运动并预测未来的天气。数值天气预报的核心理论之一来自拉普拉斯在《概率论的哲学试验》中提出的思想："如果有一种智慧，它能在某一瞬间知道支配着自然的一切力，知道大自然所有组成部分的相对位置，并能伟大到足以分析所有这些事物；它能用一个个公式，从最大的天体到最小的原子，都毫无例外悉数概括出宇宙万物的运动，而且对未来就像对于过去那样，都能一目了然；那么目前的宇宙整体，可以看作是它以前的状态的结果，以及以后发展的原因。"

简单来说，拉普拉斯认为，如果我们精确地知道世间万物的运行规律，并清楚地知道世间万物目前所处的状态，那么我们便可以对其之后的状态进行预测。我认为这个思想也适用于投资，因为投资其实也是我们基于对未来的预测而在当下做出决策。

数值天气预报的另外一个核心理论是基于洛伦兹提出的混沌现象，即一个确定性理论描述的系统，其行为却会在某种程度上表现出不确定性。所以天气系统的运行既有规律的一部分，也有不确定的一部分，表现出一定的不可精确预测性。因此，现在往往用集合预报的方式，以一种概率思维去进行数值天气预报。

对于投资来说，市场运行的混沌现象更为明显，因为市场的背后是

---

① 通过向他人讲授某个概念而加深自己对这个概念的理解。

一个个人，里面具有人的思维和情绪。因此，市场、行业、公司的发展和演变具有更大的不确定性。所以我也会以概率思维去面对投资。

投资中的苦与乐

我喜欢投资主要是出于兴趣，感觉做调研和分析行业、公司很有意思，而且还可以不断接触新鲜事物。如果自己的判断得到了市场的验证，并赚了钱，那就更开心了。到目前为止最开心的时刻应该是入市初期投资烟台冰轮，赚了 50% 的收益，因为那是我人生中第一次赚钱。2015 年大牛市那段时间也很开心，是我人生中最早体会到赚钱的乐趣的时刻。

最痛苦的时刻是几次回撤比较大的时刻：2015 年“股灾”、2016 年 11 月追高宝光股份、2018 年大熊市中的几次失败操作。2018 年大熊市，我做了几次跟自己交易体系不符的下跌趋势中的重仓抄底，均以连续止损而告终，当时整个 A 股市场的氛围很压抑。

让我感触最深的是，赚公司或者行业估值提升的钱要比单纯赚公司业绩增长的钱更容易，市场还是更喜欢业绩增长快、确定性强的行业和公司。在流动性宽裕的时候，这种在业绩增长快、确定性强的赛道的公司会享有很高的估值，并出现泡沫。

我认为，最好的状态是能够接受这些好赛道的估值泡沫，但内心要有一杆秤，能够认清楚现在有没有泡沫、估值泡沫有多大。具体操作的时候要借助趋势的力量。还有一点感触就是，对于重仓的标的，一定要进行深入研究，尽可能做到比跟踪这个公司的卖方分析师还了解它。

这八年在股市的磨砺，对我而言更像是一个不断学习、判断、认知变现和提升的过程，有欢乐、有孤独，但我一直乐在其中。市场在改变，我也在改变，我在不停地学习和了解更多的东西，市场也随时给我反馈，让我感受到更多前进的动力。

投资成功的密码或许就藏在你的工作和生活中

玩世不恭 Tiny

投资笔记

我用“六西格玛”作为在股市的投资依据，比如用 PDCA 理论打造自己的投资模型；使用盈利模型建立企业盈利的数学模型，找到推动企业利润提升的核心要素；借助潜在风险评估法对企业存在的所有风险进行评估，避免踩雷而导致投资收益回撤；通过因果关联性分析对企业是否拥有核心价值、是不是龙头等关键问题进行分析，避免出现买对行业、买错公司的情况；利用价格锚定分析对买卖点合理性进行充分考量，一旦认准了就在合适的价格重仓持有。

引言 投资股票能否盈利的决定性因素是什么？是行情？是入市后的学习？还是运气？在@玩世不恭 Tiny 看来，股票的投资水平，只是生活中的个人能力在股市中的延续而已。工作占据了非职业投资者人生中绝大部分的时间，只有善于抓重点、善于思考判断且善于执行的人，才能在进入股市后更快地掌握投资技巧，保持长时间盈利；而懈于思考，看到身边的人赚钱就想冲进来分一杯羹的人，往往以高位套牢为结局。@玩世不恭 Tiny 从入市之初就知道自己需要掌握什么技能。他喜欢深度研究、密切追踪，一旦找到符合标准的股票就“重拳出击”，获得了惊人的回报。

母亲是最早的一批股民，我从小就耳濡目染

我的母亲是国内最早的一批股民，在股市中实现了财富的爆发式增长。耳濡目染下，我在学生时期就树立了“以参与资本市场投资作为主要的财富增值方式”的人生观。从大学开始，我对资本市场就产生了很大的兴趣，长期订阅财经类杂志，主动去了解各行各业的公司，增长自己的知识。学生时期，我一边购买基金，一边对股市及个股的行情走势进行分析和研判，在有一定把握后才开始购买股票。

回想起来，我在投资中的第一桶金是通过买基金赚到的。当时的我，虽然有参与股票投资的想法，但是完全没有操作能力，所以选择了投资股票型基金。当时还是学生的我把身上剩下的所有压岁钱共 7000 元全部投入一只股票型基金里，一个月的时间，就获得了 30% 的收益。在感受到大盘“最后的疯狂”之后，我在 2007 年牛市的最高位卖出了全部的基金，随后便是一场“股灾”，我可以算是运气好。

这次躲过"股灾"也增加了我的信心，随后我便开立股票账户进行二级市场买卖，但都是些"小打小闹"。直到2014年，我发现当时银行利润的增长与股票价格之间有了非常大的背离，许多银行股利润大涨，股价却大跌。尤其是光大银行，当时市场中还存在对光大集团整合的预期，并且同是光大系的光大证券在经历了"乌龙指"事件后股价已经被压到了最低位置，整个股市的交易额和点数也跌无可跌了。我知道我一直在等的机会来了，随即开始连续满仓接力了光大证券、光大银行以及上海电气等股票，最后获得了惊人的收益。随后的每年，我基本都能保持稳定向上的收益增长。

我的投资体系受益于一段
美国500强的工作经历和一个叫李大霄的人

在我的工作经历中，对我人生产生重大影响的是在一家美国500强企业的经历。在这家公司工作期间，我参与过各种各样的项目，去过各种各样的地方，接触了各种各样的人，大大开阔了眼界，并树立了世界观和价值观。在这里我还学习了"六西格玛"管理策略①，接触到不少伟大的理论、分析方法和实用工具。"六西格玛"对我思考问题和做决策产生了根本性的、不可逆转的积极影响。

"六西格玛"起源于制造业，是美国通用电气公司董事长杰克·韦尔奇最推崇的质量管理计划。我用"六西格玛"作为在股市的投资依

① 是20世纪80年代末首先在美国摩托罗拉公司发展起来的一种新型管理方式。"六西格玛"管理策略通过设计和监控过程，将可能的失误减少到最低限度，从而使企业可以实现质量与效率最高、成本最低、过程的周期最短、利润最大，全方位地使顾客满意。

据，比如用 PDCA 理论打造自己的投资模型；使用盈利模型建立企业盈利的数学模型，找到推动企业利润提升的核心要素；借助潜在风险评估法对企业存在的所有风险进行评估，避免踩雷而导致投资收益回撤；通过因果关联性分析对企业是否拥有核心价值、是不是龙头等关键问题进行分析，避免出现买对行业、买错公司的情况；利用价格锚定分析对买卖点合理性进行充分考量，一旦认准了就在合适的价格重仓持有。

在选择行业时，我喜欢自上而下进行筛选。我会先看宏观，看看我们国家还有其他国家当下分别发生了什么、以后可能会发生什么，选出前景可能会很出彩的行业，然后再去行业里找出最优秀的公司。

在投资知识的积累上，对我影响最大的是《第一财经》杂志，我通过它了解世界上各种各样伟大的企业。另外，李大霄老师的文章对我的影响也很大。早年他写过非常多的股市逻辑分析文章，水平之高、理论知识之扎实，我至今没有看到任何一个人能与之相提并论。他的核心要义就是看清企业的真实价值，以利润为锚。

结缘大北农，收获财富的同时更坚信我的投资模式

最早知道大北农是因为看了《“十三五”国家科技创新规划》，大豆、玉米转基因的研发培育赫然与载人航天项目等国内最重大的项目排列在一起。之前我虽然对转基因不了解，但是看了这份文件后也意识到转基因的重要性。通过查看资料，我发现了大北农这家企业，深入地了解后才发现国内居然有这么厉害的农业科技企业，研发人员清一色是博士、硕士，并且大部分来自孟山都、先正达等世界顶级的转基因公司。

考虑到《“十三五”国家科技创新规划》明确提出包括转基因在内的一系列国家重大科技专项将加快实施，核心关键技术要在“十三五”期间持续攻克，叠加当时非洲出现猪瘟，我判断猪肉股会出现风口。大北农正好也有规模庞大的生猪养殖布局，这样的双风口下必然会出现农业领域的现象级企业，随即我开始布局大北农。

后来我加入了各种研究猪肉股的团体、信息群进行学习，不料大北农公司传出了各种负面信息，比如质押爆仓、大股东减持、养猪不符合预期等，最严重的时候它被整个行业唾弃。说实话，当时我的心理压力非常大，曾一度出现猪肉股讨论群里除了我以外 499 人不喜欢大北农的情况。我相信绝大多数人在这种情况下都不可能满仓大北农，但在使用潜在风险评估法对大北农所有的风险及影响一一评估，并经过价格锚定分析和因果关联性分析后，我判断大北农股价极度低估并接近极限位置，所以就硬着头皮继续持有。

最后在临近“十三五”规划收官之时，转基因科技实质性推进如约而至，大北农获得玉米转基因的安全证书，随后股价实现惊天逆转，连续 7 个涨停，一路飙升。

这段经历让我结识了非常多的专业投资者和个人投资者，也充分证明了我的基本面研究水平一点儿都不比专业机构差。它让我在财富和精神上都获得了极大的满足，享受到认真研究基本面带来的红利，也更加坚定了我对未来投资模式的信心。

在一次次成功与失败中不断精进

2020 年，我在天邦股份和晨鸣纸业也斩获不少收益。我投资它们的逻辑与大北农一样，都是基于深度的企业基本面分析。在获得了产能、价格、缺口、竞争格局等准确的情报信息后，我在很低的价位买入，随后很快就享受到一拨大幅度的增长。

比如晨鸣纸业。从 2020 年 9 月开始，白卡纸龙头企业已经多次提价，伴随着涨价函不断袭来，我也开始专注于造纸行业的研究。我观察到“禁废令”“限塑令”等政策限制慢慢推高了纸浆价格，新冠肺炎疫情因素以及海外网购量大幅增加导致出口需求暴增，进一步加剧了纸张供需的不平衡，新一轮的超级“纸周期”蓄势待发。在造纸公司里，晨鸣纸业的纸浆是自给自足的，别人的产品提价可能是因为纸浆成本上涨，而晨鸣纸业提价是因为市场提价，其利润会越来越高。

晨鸣纸业拥有白卡纸产能 200 万吨，文化纸产能 200 万吨。白卡纸每吨上涨 100 元，利润增加 2 亿元；文化纸每吨上涨 100 元，净利润增加 3.5 亿元，每一张涨价函的发布意味着利润的直接走高。在众多造纸公司中，晨鸣纸业又是最被低估的，这给我提供了很好的买入机会。从 2020 年 10 月开始，我一路加仓，晨鸣纸业的投资逻辑也不断被验证，我享受到了一拨上涨。

当然，我的投资路也不是一帆风顺的。印象最深的是 2015 年对阿里影业的投资。当时我获悉某明星开始投资阿里影业，随即也开始布局买入。当时我并没有进行很详细的分析，以每股 1.7 元的价格大量买入。刚开始股价一路上涨，停牌后再次复牌，股价更是在 5 元以上。可是在非常短暂的大幅度上涨后，股价立马就跌到了 1 元并险些成为“仙股”①。这次经历对我触动非常大，虽然最后我还是盈利出局，但是却让我进行了非常深刻的反省。从此无论谁买入，都不作为我的投资依据，我也算是从中吸取教训了。

做投资 16 年来，我最大的感触是资本市场纵然千变万化，唯一不变的是我们最终要关注企业的盈利能力和估值。讲故事、追风口，都是过眼云烟。

虽然在股市收获颇丰，但我依然认为投资很难。哪怕是能够做到持续成功和盈利，也要时刻保持一定的危机感，要对市场保持敬畏之心。这么多年我能坚持下来的主要因素，除了对基本面的准确把握，还有对国家兴旺和民族复兴的信心。在我们国家，任何事情都在越来越好，不是吗?

投资，更多是生活中能力的延续

我觉得股票投资有一个很大的误区，那就是大多数人认为股票投资的盈利取决于行情，取决于进入股市后的学习，取决于运气。但实际上股票投资的水平，只是生活中个人能力在股市中的延续而已。

我观察到生活中有三种类型的人。

第一种人往往从事比较复杂的工作，并且在自己所在的领域中游刃有余或是水准很高。这样的人进入股市，长期来看比较容易盈利。因为工作占据了人生的主要时间，在这样一个长期过程中，只有做到了学习

---

① “仙”是中国香港地区对英语 Cent(分)的译音。“仙股”就是指其价格已经低于 1 元,因此只能以分作为计价单位的股票。

能力强，且善于思考研究、抓住重点、做出判断并执行，才能成为在某个领域比较出众的人。而由此长期锻炼出来的逻辑思维能力、分析能力以及自信心，会让他在进入股市后，很快地掌握股市操作的技巧，并且长期盈利。所谓有些新股民进入股市后“后来者居上”，多数就是这样的人。

第二种人虽然在工作中并不是很突出，属于中等水平，可是拥有一种能力，可以清楚地知道谁在哪个领域很牛。这类人虽然并不是“尖子”，但观察能力和判断能力比较强。他们进入股市后主要看一些大牛的分析，听身边牛人的逻辑，最后自己选出觉得很厉害的人来“抄作业”，长期下来，盈利水平也不会低。

第三种人平时工作比较简单，不喜欢思考与自己无关的人和事。他们在牛市看到身边的人赚大钱了，自己也想进来分一杯羹，最后很容易以高位接盘套牢结束。

做投资先要认清自己，要充分了解自己的水平。如果是第三种人，那么首先应该在学习、工作中提高自己的水平，努力成为第二种人或者第一种人后，再来股市进行投资。当然最理想的是能够成为第一种人。

投资是一辈子的事，越早独立越好，还是要少跟风，自己做判断。如果是初入市的投资者，可以从自己感兴趣的行业入手做研究，因为这样更容易获得成功，帮助自己建立信心并持续走出自己的风格。

价值投资是一场漫长又精彩的修行

东方马拉松钟兆民

投资笔记

投资是一场马拉松，我们先要选好赛道，再去选好选手。好赛道意味着公司所处的行业要好，而好选手表明公司管理层要杰出。选择好赛道、好选手的同时，坚持到最后的才是马拉松的胜利者。

在投资方向上，有三条赛道值得把握：第一，最确定的赛道，在于以内循环为主体的消费服务；第二，最朝阳的赛道，在于医疗健康；第三，最具有爆发力的赛道，在于信息科技赋能传统行业。

引言 合格且优秀的投资人需要不断学习、进化，因地制宜、因时而变；需要从知识、信息、方法、工具、技能、聪明、智慧再到大智若愚。只有不断进化、不断迭代，才能得到生存权和发展权，从而获得超额的投资回报。在用户眼中，作为一名具有20多年投资经验的业内老将，钟兆民便是这样一位具备进化能力的基金经理。

做过实业，炒过期货，最终源于热爱而坚守价值投资

我的经历可以分成三段。

第一，实业阶段。在读大学时，我做过二手自行车和T恤的生意。我从毕业生手中低价收购旧自行车，利用暑假时间维修和翻新，在开学时再把这些二手自行车卖给新生。另外，我发现新生喜欢穿有学校标志的衣服，就制作了带有南京大学标志的T恤，成本三五元的T恤，可以卖到10元，那时候我已经是班上的“首富”了。毕业后，我到耐克的供应商工作，负责生产、采购、进口和报关等工作，这些在实业的工作经历对我后来的投资生涯很有帮助。

第二，炒外汇、炒期货、炒股票的阶段。这一过程虽然非常刺激，但收益非常有限。也正是在那段时间，我了解到:“炒”是博弈，“炒”字是“火”加上“少”，通常情况下是“越炒越少”。

第三，真正开始投资的阶段。在平安证券公司资产管理部门工作期间，我负责管理平安保险集团的部分保费。由于保险资金规模大且时间长，我很自然地开始接触价值投资，研究巴菲特是如何管理他的保险公司的保费。

总体上，我的经历可以总结为，从“炒外汇、期货时 10 倍、100 倍的杠杆，每天十几次交易”演化到“绝不用杠杆，中长期持有优质公司，平时很少交易”。

在投资方面，有两位大师对我影响重大，让我受益终身。榜样的力量是无穷的，我就是要向最优秀的人学习。做期货时，我向斯坦利·克罗学习，他是当时华尔街期货第一人。而现在做投资我则是向目前世界上最优秀的投资人巴菲特学习。但是，学习要活学活用，不能机械、教条式地学，需结合自身的特性。时代不同、国家不同、人也不同，我们需要因时、因地制宜做投资决策。

多年以来，让我坚持价值投资的原动力，首先还是热爱。投资中，我们要不停地学习、挑战自己，接触优秀的企业家并与他们同行，这本身就是一个令我享受且停不下来的过程。其次，还有我们的团队。在东方马拉松内部，我们形成了一种相互学习的投研氛围，与一群灵魂有趣的人共事，其乐无穷。

投资注定是一场漫长、孤独而又精彩不断的修行

跑步是一项进入门槛很低的运动，迈开腿就可以跑，但能跑完马拉松的人寥寥无几。同样，在投资领域也是“一年五倍者比比皆是，五年一倍者寥若晨星”。投资注定是一场漫长、孤独而又精彩不断的修行，只有用马拉松长跑磨炼过的心性和科学的方法去做投资，业绩才会行稳致远！这正是我将公司取名为东方马拉松的由来。

核心投资策略：长期投资、集中投资于杰出企业

公司坚持以基本面研究为核心的价值投资方法，精选具有良好商业模式和竞争壁垒的企业，深入研究并审慎评估企业内在价值，以合理价格买入并耐心持有，在价格达到企业内在价值以上考虑卖出。

在研究方法上，公司将定性分析和定量分析相结合，严格依照DCF模型进行定量估值。模型的核心假设是基于对行业与企业的深入研究和理解。投资经理制订的所有交易计划表，都是基于DCF模型的讨论和企业内在价值的评估。研究员对企业的主要研究内容包括：产业链和竞争环境、治理结构、企业核心竞争力、管理层执行力和企业文化、竞争战略、财务报表分析等。在充分进行案头研究的基础上，公司要求研究员对所研究领域进行大量实地走访和全产业链调研，力争研究深度达到该领域的专家水平，通过不断提高对行业和企业的理解来挖掘投资机会。

根据我们的长期实践和研究，“长期投资”是价值投资最重要的方法之一，但并非其全部内涵。在坚持以“长期投资、集中投资于杰出企业”为主要投资策略的前提下，我们重视完善投资方法，重视企业估值的变化，兼顾原则性与灵活性。若公司股价出现过于低估或高估，我们将把握增持或减持乃至全部获利的机会。

基于估值判断而不是基于市场未来涨跌预测的“高抛低吸”，是长期价值投资必要的辅助战术，有利于投资收益最大化。

概而言之，坚持以长期和集中投资为主要战略，辅以必要的基于估

值水平的交易策略，将会实现投资收益最大化。

不被世界改变的公司
和能改变世界的公司才是值得投资的好公司

我们对投资的理解也体现在公司的名字上。投资是一场马拉松，我们先要选好赛道，再去选好选手。好赛道意味着公司所处的行业要好，而好选手表明公司管理层要杰出。选择好赛道、好选手的同时，坚持到最后的才是马拉松的胜利者。

好赛道意味着要找到有增长空间的行业，在这个行业中寻找特别有竞争力、未来有巨大成长空间的公司。这样的公司通常具备以下特点：一是人无我有，具备独有的竞争资源，我们称之为绝对优势；二是人有我优，具备相对优势，能做到比竞争者更好；三是人优我久，企业要比对手活的时间长，可持续性企业的价值更大。

为了找到真正优秀的公司，我们需要了解一家公司的真实情况。我们会组织多次深入的调研，除了到企业，还会到企业上下游，包括客户和供应商，甚至竞争对手那里获取第一手资料，为调研一家公司来回跑十几次是常有的事。另外，我们的研究团队这几年除了跑北上广深这些一线城市外，还喜欢深入农村、深入城镇、深入县城去走访和了解，而这往往会有意想不到的收获。不做调查研究就没有发言权，不接地气就没有灵气，最后就没有了底气。

此外，我们喜欢投资两类公司，一类是不被世界改变的公司；一类是能改变世界的、推动社会进步甚至革命的公司，对于后者的投资更有挑战性。但在改变世界的公司中有不变的内核，也是有规律可循的。比如电商可以极大提高社会效率，我们也是电商消费者，消费者希望电商更好、更便宜、更快，这些变化是人类不变的诉求。

有创造能力的公司可以不断提高自己的市值“天花板”。因此，在投资中，我们很在乎公司的学习能力和迁徙能力，比如华为原来制造通信设备，是典型的TOB公司，但现在手机也做起来了，未来汽车也可能做起来。公司在经营发展中能不断地开疆拓土，有创造力和迁徙能力，公司的价值自然就不断增长。

投资也是一个不断排序、比较的过程，根据赔率与概率来优中选优，第一类不被世界改变的公司，确定性高但赔率低；能改变世界的公司，可能确定性没有那么高，但赔率非常高。

关于卖出时机：一旦选择了好公司，就需要“无问西东、无惧波动”

当优秀的公司市值低于内在价值即低估时，无疑是最好的投资时机。我们的理念是：宁可贵一点也要买最好的公司，不因便宜而买次优的公司。“低买高卖”是绝大多数投资者追求的目标，虽然这在逻辑上是成立的，但从竞争策略角度，又缘何能够做到比同行买得更低、卖得更高呢？如果策略上没有差异化，结果上通常也很难有差异。

查理·芒格认为：根据估值频繁买进卖出是很难的事，股市的高低很难判断，但在“特别高、特别低”时是容易感知的。这意味着从长期的角度而言，在一家公司达到最大市值，即公司的“天花板”之前，如果投资者频繁买进卖出，理论上可以锦上添花，但实际上往往弄巧成拙，多做多错。因此，对于好赛道和好选手，过分追求估值的精确性，反而很可能高估自身对未来的预测和估值能力。同样，一旦选择了好公司，就需要“无问西东、无惧波动”。

目前最看好的赛道及其内在投资逻辑

在投资方向上，有三条赛道值得把握：第一，最确定的赛道，在于以内循环为主体的消费服务；第二，最朝阳的赛道，在于医疗健康；第三，最具有爆发力的赛道，在于信息科技赋能传统行业。

随着中国整体经济增速的放缓和社会零售总额的下降，消费行业“总量放缓，结构分层”将成为新常态。庞大的人口基数叠加不断推进的城市化进程，我确信未来消费领域会出现大量机会。

以白酒为例，中国白酒行业进入新周期，未来的投资机会在于强品牌价值的白酒企业，市场一体化、产业集中化将驱动全国性品牌取得更多的销量；生猪养殖行业进入巨大变革期，龙头市占率不断提升，产业链纵向一体化，大市值公司将崛起；在互联网细分行业，电商与本地生活服务值得关注。智能制造方面，未来十年是人工智能持续深入人们生活的十年，或将改变各行各业。人工智能的核心是数据、算力、算法，中国的优势主要在数据方面，因为国内市场巨大、产业链齐全、应用场景多，人工智能对各行业的改造带来的投资机会和风险算力需求的持续增长将成为常态。

中长期来看，医药行业仍然是非常值得投资、确定性很强的好行业，有三个领域值得投资者关注：第一，有真正创新能力的药品和医疗器械企业，能在医保结构性调整中持续获益；第二，有核心壁垒的自费、可选医疗消费服务的企业，比如连锁眼科、口腔、体检企业等；第三，能充分发挥中国比较优势的企业，比如工程师红利和临床试验患者资源红利等。

一般商业公司追求“报时”，基业长青公司追求“造钟”

对投资机构而言，单个明星研究员和投资经理都不构成其核心竞争力，具备互补性的专业团队才是制胜的关键。在资本市场摸爬滚打二十余年的经验告诉我，偏好“单打独斗”的团队是走不远的，一定要团队协作，“独行疾，众行远”。

我们投研团队在行业、专题、决策链分解三个维度进行矩阵分工，以最大限度做精做细。例如，我们要求每个研究员一定要控制深入跟踪的股票数量，在一年时间内，一个研究员能找出一两家最有价值的股票就足够了。目前我们扫描所有的行业，但重点只关注优势行业，如消费服务、互联网、医药和科技制造等，能进入核心股票池的公司实在屈指可数。

我们还建立了东方马拉松 MAM 投研系统，这是我们投研的核心竞争力。MAM 是指马拉松动态智能管理系统。该投研系统主要是从优化投研团队、优化组合策略、优化管理考核、优化决策链管理、优化研究流程、优化思考模式、优化执行力等维度进行监测，同时进行持续、动态的优化与调整。

这些年来，我们在投研系统的构建上下了大功夫，在投研团队、组合策略、管理考核、决策链管理、研究流程、团队执行力等层面都进行了持续优化。我们的目标是把团队打造得像一个家庭、一个学校、一支军队，除了在职业提升和成就感上满足团队成员之外，在物质激励方面我们坚决追求公平，为此公司专门设置了一个管理与公平委员会。

一般商业公司追求“报时”，基业长青公司追求“造钟”。而东方马拉松则致力于做“造钟者”，将公司本身当作精密机器来打造，打造专业的投资团队，建立一个能够源源不断提供好产品的体系。我们的主要合伙人在一起合作都超过了十多年，团队架构比较稳定，这些确保了公司的持续发展。

深度研究和充分尽调是最佳的风控手段

风险控制是投资的“生命线”，对投资而言，不造成永久性资本损失是最重要的原则。冲动性和随意性是投资决策中最忌讳的，也是产生风险最主要的原因之一。东方马拉松制定了严格的投前风控和投后风控措施，目的就是在最大程度上减少波动、管理回撤。

深度研究和充分尽调是最佳的风控手段。东方马拉松建立了严格的研究立项制度，进入核心股票池的公司，必须是经过严格的研究筛选、具备长期竞争优势、公司市值有足够增长空间的优质标的。为了避免操作的随意性，投资经理会通过定性和定量分析后，提交交易计划书，并按要求严格执行。

投后风控则主要对投资单只股票的仓位、单日跌幅等进行严格控制，以此规避基金净值大幅波动的风险。另外，企业每年都会公布财务指标、营收情况，我们还会通过这些经营指标结果来验证判断是否正确。

在回撤管理方面，主要措施有：以弱周期的股票为主、强周期的股票为辅；对每个行业和每家公司都会控制投资比例；根据整体估值管理仓位；必要时选择期权对冲市场风险；遇到重大不确定性，也会采取规避策略；等等。除了投资业绩，回撤管理是优秀基金产品的重要指标。

价值投资的道理如圣经中“摩西十诫”，难在坚守

历经十多年的投资管理，我感到价值投资的道理如圣经中的“摩西十诫”，难在坚守。十多年风雨，一路践行价值投资，努力与投资的真谛渐行渐近；追求本质，坚守经济规律。

实践中所得的主要经验是：在坚守投资规律不变的前提下，其他都要变，要与时俱进。经济在升级换代，行业在演变，公司在生态进化中有灭绝、有进化，要结合天时、结合地利、结合不同的人与事进行投资研究。当我们掌握好理论与实践的辩证关系、普遍性与特殊性的辩证关系时，投资成功的概率就大大提高。总而言之，成功有基本原则，但没有固定公式，要在勤奋调查研究的基础上，精选投资项目、精选投资策略。

投资是“少胜多，静胜动，慢胜快”的事业，投资也是人生的一种修行！

向巴菲特学习长期投资，向彼得·林奇学习资产管理

我们认为，长期投资与资产管理是不同的，基于此，东方马拉松有两个核心竞争力：

一是战略定力。东方马拉松自成立以来便专注价值投资，是中国内地最早的一批价值投资践行者，实践过程中我们强调知行合一和长期坚持。投资是实践的学问，不仅在于怎么想，更要看怎么做。实践的结果必然是没有完全一样的“价值投资”。

二是对长期投资与资产管理区别的理解。两者的核心区别在于管理的资金属性和周期存在较大差异。巴菲特的投资策略更适合管理超长期资金，能够承受投资过程中较大的波动，而资产管理行业管理的普遍是流动性高而周期短的资金，这些资金背后的投资者容易受到涨跌的干扰，导致资金属性与投资策略不匹配，最终结果也难言理想。

为此，资产管理行业仅对标学习巴菲特是不严谨的。资产管理行业本质上还是投资服务行业，除了获取投资收益以外，还需要特别强调投资过程中的回撤管理，并关注投资者体验。彼得·林奇在担任富达麦哲伦基金投资经理期间的相关经验，更值得从事资产管理的机构学习。东方马拉松向来强调向第一名学习，为兼顾收益与投资者体验，我们坚持向巴菲特学习长期投资、向彼得·林奇学习资产管理，以更好地服务投资人。

给投资者的寄语：关于如何选择私募管理人

投资者选择一只私募产品是非常专业的事情。我们内部有一句话：自己不会没关系，知道谁会也是可以的。所以对于投资人而言，关键是如何选择管理人。

我们对此的建议是：首先，关注管理人的长期业绩，是否经过多轮牛熊的考验；其次，要了解管理人的投资理念与风格，投资人能否理解并认可，还要看管理人能否做到知行合一；最后，要了解管理人团队情况，核心人员是否稳定，未来能否持续产生业绩。

我想说，我们心中的价值投资，小可谋生、中可修身、大可渡人。未来，我们希望能通过持续提升团队的竞争力，服务更多的投资人。

逆势重仓猪肉股，我在能力圈内做投资

一凡帝诺维奇

投资笔记

第一，在投资之前一定要认真思考，根据自己的收入来源、收入水平衡量自己的风险承受能力，根据风险承受能力和预期收益来决定自己的交易策略。第二，买入任何股票之前一定要明白自己的买入目的，是长期持有还是短期投机。第三，研究企业可以从自己最熟悉的行业的上市公司开始，这样可以更加容易地理解一些行业的底层逻辑，同时基于对行业的了解，可以大致验证同行业上市公司财务数据的真实性以及优劣程度。第四，谨慎使用杠杆。第五，对于长期优秀的公司，也需要持续关注其所在行业的发展情况、高管变动、经营策略调整等。

引言 畜牧专业出身，又在生猪养殖行业工作多年，在“猪场”研究方面，他有着得天独厚的优势。然而自幼受到“股票收益来源于炒作”的思想影响，他徘徊迷茫了多年，也未能找到适合自己的投资方式。经过复盘与反思，他认为概念炒作并无对错之分，但是不太适合普通投资者；而普通投资者最好的投资策略是在对行业和企业有深入了解的情况下，选择优秀公司并长期持有。

这是他对投资的理解，他也言行一致地这么做了。在非洲猪瘟疫情肆虐之际，由于工作在非瘟防控一线，他对疫情的严重程度和规模企业的优势有清晰认识。深信未来猪价会大幅上涨的他，逆势重仓买入，呈现出坚信价值的从容与淡定。

说起股市，我是结缘早、入门晚

我叫刘一凡，雪球 ID 是 @ 一凡帝诺维奇 ，是一名处在入门阶段的非职业投资者。由于对生猪养殖行业和行业内龙头企业有比较深入的了解，我在雪球社区分享了一些观点看法，得到了很多“球友”的支持和关注。与此同时，我也结识了一批优秀的职业和非职业投资者。我也在通过与他们进行交流学习，努力提升自身的投资水平。

20 世纪 90 年代初，父母在我姥爷的带动下开始炒股，所以很小的时候，家里就有很多投资方面的报刊书籍，印象最深的就是每天中午父母会通过电视滚动播放的股价查看行情，然后通过电话委托交易。父母有时候也会给我讲对 K 线的看法，以及均线、KDJ 等技术指标，突破、回踩等技术用语。我从那时候开始对股票有了粗浅的认识，只是从小从父母那里得到的经验：“股票就是炒作，跟随炒作才能赚钱。”这个不完全正确的理念影响了我很久，也让我晚了很长时间才入门投资。

高中毕业那年，父亲让我用自己的名字开了股票账户，并且给了我1万元练手。刚好赶上2007年的大牛市，我每天上网看新闻瞎买，也取得了一些收益。大学期间，每学期我都会预支整个学期的生活费用来炒股，多多少少也有一些收益，赚的钱除了满足一些个人爱好外，都攒了起来。大学毕业时，我大概有两三万元。

我大学学的是畜牧专业，大四在养殖场实习。为了防疫，一般几个月才回一次家。我在养殖场主要做一些技术工作，采精、授精、接生、去势、免疫等，因为有太多学校学不到的东西需要学习，所以没有太多的时间关注股票，但通过每月工资加仓的形式攒下了不少钱。

由于家庭和个人原因，2016年我通过考试回到市里工作。工资比在养殖一线时大幅下降，而结婚后的开支却大幅上升。回市里工作第一年，我将精力主要放在学习和适应工作上，生活还算惬意。但是到了2017年，随着房子临近交付，装修的压力迫使我去追求投资收益。年初的一个周末，建设雄安新区的新闻横空出世。

在和老婆商量后，我们决定抓住机会，在原有资金5万元的基础上，又借了5万元。整个周末，我都在研究雄安新区的新闻通稿，并结合新闻通稿表述内容的相关性选择投资标的，考虑到周一开盘相关度最高的标的肯定一字板买不进去，所以按照相关性的高低顺序，把有关股票做了排序，就等周一开盘找没封板的股票买入。

在集合竞价之前，我将持有的股票清掉，买入了数字政通。最终在这个股票上赚了大概40%，然后买入了自己最了解的生猪养殖行业里最看好的企业——牧原股份。此时的牧原股份刚刚走出底部振荡，有一小拨上涨，而我在此时遇到了给我第一个重大教训的公司——北京文化。

投资中的第一个重大教训

2017 年夏天《战狼 2》火爆上映，因为曾经在《西游降魔篇》中吃过票房教训，我一开始只买入了一点点北京文化，但却因为电影票房屡创纪录，在火爆情绪的冲击下，在第二个 T 字涨停中，我卖掉了大部分牧原股份，重仓买入了北京文化，并在高点前的最后一个涨停中清掉牧原股份，全仓杀入北京文化。

第二天冲高回落，我犹豫再三没有卖出，并在随后的下跌中坚持认为下跌过程中会有反弹，不仅没有及时止损，甚至在高位又借了不少钱加仓，然后眼睁睁地看着它连跌半年，股价甚至跌破腰斩。股价最低时我的持仓市值甚至连各种负债都无法偿清。高位借钱加仓的事我也没敢告诉父母和家人，而此时房子已经交付开始装修，我只能违心地找各种借口拖慢装修进度。

好在我的运气还算不错，北京文化 2018 年押中爆款电影《我不是药神》，股价再次跟随票房出现短期接近翻倍的行情，我在最后一个涨停上卖了一半，在最后冲高回落那天卖掉了剩下的一半，最终虽然还亏不少，但总算足够偿还全部负债，还剩下一点点本金。在清仓北京文化当天，我就全仓买入了牧原股份。那天，是 2018 年 7 月 9 日。

适合普通人的投资策略：选择优秀的企业并长期持有

历经这番波折，我开始反思自己从2007年开始的炒股经历。十来年的时间，虽然经历过翻倍，但也经历过连绵阴跌。具体操作上，没有止损、没有止盈，对公司基本面的了解一直局限在F10层面。十来年的时间，虽然整体还是盈利的，但年化收益率只有可怜的两三个点。而就在被北京文化套牢的一年时间里，我一直看好的牧原股份出现了接近两倍的涨幅。而当时让我做出卖掉牧原股份买入北京文化这个决定的原因，正是从小形成的“股票收益来自炒作”的观念。

概念炒作并无好坏对错之分，美股也曾出现2000年那么严重的互联网泡沫，只是对像我这样的非职业投资者来说，对资本市场的持续关注、对概念含金量的判断、标的的选择、介入和离开时机的选择、止损止盈的执行，都很难和职业投资者相比，因此概念操作也就难以成功。那么对于像我这样的非职业投资者，最好的策略是什么呢？

答案是选择优秀的企业并长期持有。贵州茅台、腾讯控股、格力电器、牧原股份，这些都是优秀企业。但是长期持有的前提，是要对行业和企业有深入且全面的了解。

聚焦我的投资能力圈：生猪养殖

由于学习的是畜牧专业，而且毕业后一直从事相关工作，我对生猪养殖行业有比较深入的了解。生猪养殖行业属于周期性行业，养殖利润有非常大幅度的周期性波动，因此有关上市公司的利润也有非常大幅度的波动。规模化、集约化、现代化是中国生猪养殖行业的发展方向，规模化养殖企业有巨大的发展空间。早在 2011 年我就参观过牧原股份的养殖场，但只有一种笼统的“它很优秀，猪养得很好，扩张很快”的印象，具体如何优秀、生产情况究竟如何、扩张速度有多快，并没有深入了解。2017 年，我短暂买入牧原股份，更多地建立在它已经横盘调整了很长时间的基础上。

2017—2018 年，在被北京文化深套的过程中，我除了反思自己之前的投资思路，也花了很多时间去研究中国养猪行业的发展形势，研究多家上市公司的具体经营策略和财务数据，逐渐对上市公司的整体优势有了粗浅的了解，对行业优秀上市公司的优势有了一定的认识。

2018 年我买入牧原股份后不久，中国养猪行业就遭遇了非洲猪瘟疫情，牧原股份的股价最多也有超过 30% 的跌幅，下跌后在底部也盘整了很长时间。对于我来说，刚从北京文化的“坑”里爬出来，很快又跌进了另一个“坑”里。但是由于我在非瘟防控一线，对疫情的严重程度和规模企业的优势有清楚的了解，我深信未来猪价会大幅上涨，企业会有非常好的盈利。因此我的心态良好，这和北京文化被套时的不知所措完全不同。如果没有对行业的理解，我恐怕很难坚持持股。

即使是从 2018 年非瘟后的低点到现在接近 10 倍的涨幅中，牧原股份也有过 1 次超过 40% 的回撤和数次超过 30% 的回撤。如果没有对行业发展趋势的判断和对公司未来的信心，恐怕很少有人能够完整地经历这么多次回撤。

事实上，即使贵州茅台、腾讯控股、格力电器这样的超级长牛股，历史上也曾出现过腰斩或者接近腰斩的走势。如果没有对公司和对行业的理解和信心，投资者恐怕很难长期坚持。

对于我这样的非职业投资者来说，长期研究一家或者少数几家公司的难度，总归是低于每天追逐热点的。但是坚持研究，仍然是必不可少的。好在有像雪球这样优秀的平台，让我们对公司的学习和理解的难度降低了很多。

投资感悟与心得

当然，长期持有优秀企业，收益上也不可能出现那种一年几十上百倍的神话，但对于普通投资者，这恐怕也不应该是追求的目标。

下面分享一些我不太成熟的心得：

第一，在投资之前一定要认真思考，根据自己的收入来源、收入水平，衡量自己的风险承受能力，根据风险承受能力和预期收益来决定自己的交易策略。

第二，买入任何股票之前一定要明白自己的买入目的，是长期持有还是短期投机。打算长期持有的，一定要研究清楚买入逻辑和持有逻辑，在逻辑被破坏后要及时减仓、清仓。短期投机的，要设定好止损和止盈线并坚决执行。

第三，研究企业可以从自己最熟悉的行业的上市公司开始，这样可以更加容易地理解一些行业的底层逻辑，同时基于对行业的了解，可以大致验证同行业上市公司财务数据的真实性以及优劣程度。如果是行业资深从业人员，也可以排除一些行业内有造假嫌疑的企业。这种研究并非一定要在自己熟悉的行业内找到优秀的标的并买入，而是通过研究自己熟悉的行业的公司的财报、经营策略，掌握一些研究上市公司的方法，为在其他行业找到优秀的公司做准备。

第四，谨慎使用杠杆。对于非职业投资者来说，杠杆在股价调整时带来的心理压力是巨大的。而且非职业投资者往往忽略高位止盈，甚至经常出现高位加仓的情况，对止损也执行不到位，因此在大幅回撤时杠杆风险比较大。

第五，对于长期优秀的公司，也需要持续关注其所在行业的发展情况、高管变动、经营策略调整等。例如，苏宁在上市前几年也是大牛股，但是在行业形势发生重大变化后公司经营策略没有及时调整，造成了股价长时间没有起色，到今天甚至出现重大危机。

非凡之旅

投资是平凡生活的护城河

生命长河，广袤无边，

他们渴望自由生活，追求精神幸福。

为什么选择投资?

他们给出了多种答案。

但万变不离其宗：

投资是为了更好地生活。

投资是最适合普通人的创业

梅姨求索记

投资笔记

在基金投资中，我认为，首先，要形成自己的投资体系，制订自己的股债平衡策略，比如股债各50%；其次，选择主动基金、行业指数基金、宽基指数基金来构建自己的投资金字塔；最后，制定每一个投资标的的加仓纪律，由大到小、由宏观到微观，逐步细化自己的投资组合，接下来就是按自己的计划一步一步去执行买入、卖出操作。

引言 2013年，初为人母的她激动不已，恨不得24小时都陪在孩子身边。和大多数父母一样，“放下工作养不起孩子，拿起工作就陪不了孩子”，她也面临这样一个无奈又心酸的窘境。

那段时间，她几乎天天想着创业，绞尽脑汁地思考哪些生意能带来被动现金流，或者能有充足的自由时间来陪伴孩子。直到有一天，她才突然意识到自己只是一个普通人，没有那么强大的内心来承受九死一生的创业所带来的风险。但她转念一想，自己无法创业，那么能不能转而投资一些已经运转成熟且经过市场验证的成功企业呢?

如此，她开始研究股票和基金，写下了自己投资“求索记”的序章。

曾经迷茫彷徨寻找创业之路，
蓦然回首发现投资就是最好的创业

我是@梅姨求索记，目前生活在上海，是一个普通的职场白领，也是一个二胎宝妈。正是因为做了母亲，才真正开启了我与投资的不解之缘。

2013年，在刚生完女儿之后，我和天下所有的妈妈一样，为第一次为人母而激动不已，恨不得每天24小时都能陪在孩子身边。

但是，如果想要更好地照顾孩子，就不能不上班；上了班，又没法全身心地陪伴孩子，这就是残忍的现实。所以，那段时间我天天想创业，想着怎样才能做一些时间自由或者在家就能赚钱的工作。还记得当时对我影响最大的一本书就是《富爸爸，穷爸爸》，自从读了那本书，我开始每天绞尽脑汁地寻找能够创造被动现金流的生意。为此，我还专

门考察过育儿相关的绘本馆、亲子餐厅，也研究过旧房改造再转租的二房东等生意模式。

直到有一天，我突然想明白了。我只是一个普通人，没有那么强大的内心，既不可能像那本书的作者罗伯特·清崎一样，也不可能像很多创业者一样孤注一掷，投身于一项不知能否成功的事业。毕竟，孩子就是我的软肋和牵挂，我很难做到全身心投入事业。

此外，无论是绘本馆还是二房东模式，都是重资产投资，是需要投入大量启动资金才能运转的。而重资产的坏处就是投入大、灵活性低，一旦遇到什么风险，很难灵活掉头。还有最重要的一点是，我没有永续的现金流，无法支撑重资产不断滚动下去。

明白了这两点之后，我就放弃了自己创业的想法。既然摒弃了靠自己实践的想法，那我能否投资一些已经运转成熟且经过市场验证的成功企业呢？就是在这样的想法之下，我开始研究股票和基金。

我只是一个普通人，不奢望暴富，只想积小胜为大胜

踏入投资领域之后，我对自己的定位就是一个一边上班一边带娃的普通人，所以从来不奢望暴富，只是希望能不断积累资本，慢慢“滚雪球”。

其实，我这样的普通上班族有三个特点：一是我们有持续的现金流，也就是我们的工资收入；二是作为普通人的我们一般都不愿意承担太大的风险；三是因为我们有工作要兼顾、有孩子要照顾，所以希望参与的投资能尽可能少地占用精力。

正是基于以上三个特点，我现在主要做基金定投、可转债投资和港股打新。基金定投比较适合有稳定工资收入的普通人，可转债投资和港股打新则是相对低风险的投资。

在基金投资中，我认为，首先，要形成自己的投资体系，制订自己的股债平衡策略，比如股债各50%；其次，选择主动基金、行业指数基金、宽基指数基金来构建自己的投资金字塔；最后，制定每一个投资标的的加仓纪律，由大到小、由宏观到微观，逐步细化自己的投资组合，接下来就是按自己的计划一步一步去执行买入、卖出操作。我的投资体系见图1。

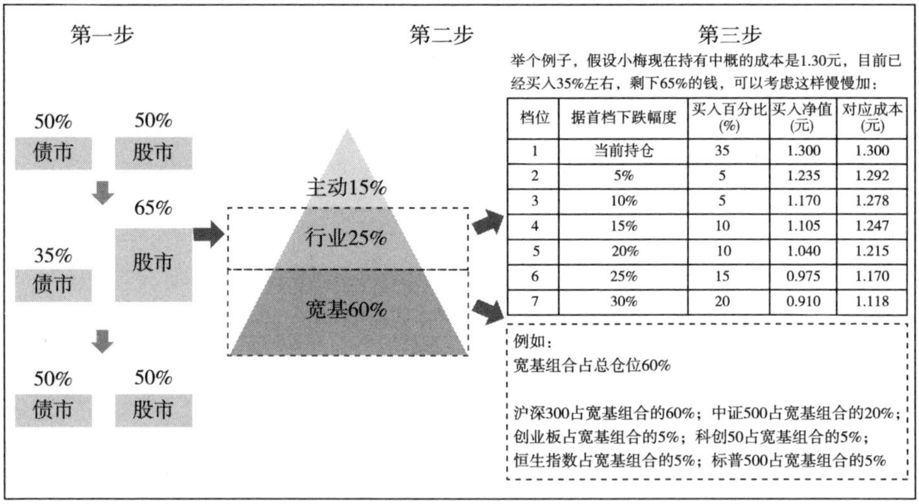

档位	据首档下跌幅度	买入百分比(%)	买入净值(元)	对应成本(元)
1	当前持仓	35	1.300	1.300
2	5%	5	1.235	1.292
3	10%	5	1.170	1.278
4	15%	10	1.105	1.247
5	20%	10	1.040	1.215
6	25%	15	0.975	1.170
7	30%	20	0.910	1.118

图1　我的投资体系

这么多年下来，我的基金投资基本都是按这个体系去操作的。股市高估的时候就买入国债或者债券基金，股市性价比高了就赎回债券买入股票型基金。过往我买过的基金也是不胜枚举，最基础的有沪深300、中证500、标普500、红利指数等宽基指数基金，医药、酒、消费、互联网、环保等行业指数基金，以及大家熟悉或不熟悉的明星基金等，很多我都有涉猎。

在这套投资模型的基础上，每看到一个投资标的，我就会把它放进宽基、行业基金、主动基金等对应的基金库中，然后时不时分析一下：现在哪些基金便宜了、哪些贵了。积累都是在点滴之间，投资体系也是在不断自审的过程中慢慢成形的。

除了日常的基金投资之外，我也会关注港股打新和可转债投资。

记得2020年，港股打新可以说是进入了最鼎盛的时期，那段时间我几乎每天都会写新股分析。因为港股与A股打新机制不同，只要采取合适的打新策略，在当时的港股打新总能收获满满。

不过，继2021年年中的时代天使之后，港股打新的行情就日渐式微，一直到今天。我认为，港股打新打的就是市场情绪，情绪不在了，我们也就先歇歇，静等风来吧。

与港股打新这种受市场情绪影响较大的方式不同，可转债投资是一种细水长流式的投资方式，也是风险相对可控、较适合普通人的投资。

投资可转债除了有适合小白的普惠打新，也有很多博弈套利方式。我认为有一套玩法是最适合普通人的——四条安全线的买入法。比如在2021年2月，其实就是这种方法绝佳的应用时机。

四条安全线依次递减，买得越便宜，赚钱概率越大。不过，这个安全，是在可转债不出现大面积违约的前提下。

第一条安全线是到期赎回价。也就是说，如果我以低于到期赎回价的价格买入，最差不过是持有到期，按到期赎回价结束这笔投资。这样虽然赚不到什么钱，但是在不考虑时间成本的情况下，起码这笔投资是保本的。

另外还有一种情况，我们不一定非要持有到期才可以保本，还可以在可转债存续期内触发回售。一般回售价就是面值加上当期应计利息，大概也就一百零几元的价格。为方便起见，可以取 103 元作为回售保本价，也就是我们的第二条安全线。

第三条安全线是上市发行时的价格，也就是 100 元面值，这个价格更多的是一种心理防线。从心理上，我们总会觉得那些便宜的、跌破发行价的可转债相对更安全。

最后，第四条安全线就是我们的终极防线——可转债的债底。我们通常用纯债价值作为债底（一般是 80 ~ 90 元），尤其是当我们批量买入可转债的时候，就可以用这个价格作为我们的终极大底。

不过，这个方法不但需要耐心等待买入时机，更需要耐心持有并等待卖出时机。比如 2021 年 2 月，可转债的中位数价格还只有 100 元，8 月就涨到 120 元了，这种短短 6 个月之内就快速上涨的行情是可遇不可求的。在没有上涨的日子里，当看着别人的股票和基金不断上涨，而你手里的可转债却迟迟不动，便是最熬人的时刻。所以，你只有相信它一定会有涨上来的一天，才能有勇气和耐心拿住它。

可转债和港股打新都是我认为比较适合普通人的低风险投资。虽然港股打新的“抢额度”大战确实会耗费很多精力，但那是一锤子买卖，这只新股抢到了，赚了，也就是那一下子的事。可转债投资则是要长期跟踪，所以我给自己确定了“不输收益，只输时间”的安全线买法，这样日常就不用投入太多精力。

把投资当作自己给自己的主动加薪

可能是因为人到中年，我现在最深刻的认知就是：绝大部分人都是最平凡的普通人，最终都会以普通的方式过完这一生。其实，这一点没有什么让人惆怅或不舒服的，这就是现实。我们要学会接纳自己，接纳自己的平凡。

而作为一个普通人，我们大概率会以怎样的方式度过这一生呢？

一边不情愿地上着班，一边努力地还着房贷，一边陪着孩子长大，一边看着父母慢慢变老……这也许就是普通人一生的画像。

在这样的画像中，投资就不应该被我们寄予实现财务自由、一朝逆天改命的期待。我把投资当作自己给自己的主动加薪。如果你年薪 30 万元，希望每年能有 10% 的薪资涨幅，不能指望老板给你涨的话，你就可以将其设定为你投资的目标，每年赚个 3 万元就达到你的目标了。这样你的内心就会平和许多，幸福感也会增加许多。

曾经我迷茫彷徨地寻找创业机会，后来才发现，对于普通人来说，投资真的是最低成本、最可控，也是最灵活的创业。你可以控制你想投资的行业和投入的金额，一旦有什么风吹草动，又可以及时止损，何其乐哉！

我认为最好的投资就是，它就在那里，你偶尔瞄上几眼，其他时间你仍然有心情、有精力去做别的事情，去工作、去生活、去旅游，哪怕只是去安心睡个好觉。

十五年股市风雨路，我的看见和得到

江南老夫子

投资笔记

回头来看，我对股市的探索，大概经历了三个阶段。

第一阶段，寻找价值洼地。也就是说，寻找一些市盈率很低、业绩增长比较稳健的股票。

第二阶段，寻找成长投资。就我个人来说，从价值洼地到成长投资，心理上有了一定的突破。

第三阶段，寻找关键变量。成长投资之后，我从基本面的角度，寻找一些正在突破关键变量的企业。

引言 2006年，他机缘巧合接触了股票，幸逢牛市，两笔投资均以解套告终，也算少交了“学费”。不满是向上的年轮，他开始大量阅读、学习并反思。知识转化为实践需要时间，此后他又在市场摸爬滚打，不断固化自己的交易模型，终于探索出一条新路，树立了自己投资路上一块重要的里程碑。但他逐渐发现，这种寻找驱动的短线策略，虽然能赚到不少利润，但非常辛苦。于是他继续求索进阶，最终回到价值投资这条真正的康庄大道上。

他称自己是一个带点书生气但并非不谙世事的中年人。平日里，他爱好读书与写作，会在雪球写一些关于股市的文章。他认为总结积累自己在股市的经验教训，一方面有利于自己不断进步，另一方面可能对别人也会有参考价值。他相信，这条路他一定会坚持走下去。

初始：两点一线

我是@江南老夫子，这个名字，其实是组合起来的。江南，是因为南京是我的第二故乡，曾经在那边学习和工作，算是半个江南人吧；老夫子，是因为我比较爱看书，喜欢钻研，颇有一点书生风范，算是一个带点书生气但并非不谙世事的中年人。

我在政府机关上班，所有的机关人员，画像都是一样的：早九晚五，每周双休，日出而行，日落而归，两点一线，每天走的都是差不多的路程。就这样日复一日、年复一年，基本上一眼就可以看到退休。但我又不甘平庸，总觉得自己还有那么一点点才华，还是可以通过努力实现自己的梦想。这一点，注定了我一旦走入股市，就会越走越远，不再回头。

缘起：师兄领进门，修行在个人

以前的我对股市有很大的偏见，认为股市就是一个投机场所，和赌博没什么两样，赚钱全凭运气，而且风险巨大，稍不留意就可能倾家荡产。现在，也许还有很多人会这样想。

不过，凡事都讲究机缘。2006 年年初，在一次校友聚会上，有一位师兄说自己在股市已经大赚了一笔。我向他讲述了自己对股市的偏见，师兄笑着说道："股票虽然是虚拟的，但其实和商品一样，也是有价值的，能够赚钱！"紧接着就把他的投资笔记给了我。他的投资理念是"洼地理论"，即找一些跌破净资产的品种，买入后坚定持有，等待价值回归。师兄说："这是巴菲特的老师格雷厄姆的方法，非常管用！"

就这样，我对股市产生了兴趣，凑了 2 万元就扎进了股市。买什么呢？当然是根据师兄的"法宝"按图索骥，结果两笔投资都是以解套而告终，毕竟没亏，也算是少交了学费吧。

为了寻找原因，我开始买一些书来看，其中有一本尼古拉斯·达瓦斯的《我如何在股市赚了 200 万》给了我很大的启发。我开始意识到，仅从基本面选股是不够的，还要从技术面把握时机。尼古拉斯·达瓦斯的方法，是找刚刚突破箱体的股票，我在破净股中引入了这种方法，筛选了 1 只股票：海信电器。2007 年 1 月中旬，我大概以 6.90 元的价格买入这只股票。果不其然，刚买进就开始上涨，到 4 月底就快翻了一番。毕竟是自己从股市赚到的第一桶金，别提多美了！

但我很快发现，周围的人好像都在赚钱。结合前两次失败的经历来看，我越来越感觉到师兄的理念也许并不适合我，我需要走一条属于自己的路。

师兄领进门，修行在个人。我逐渐尝试摆脱师兄的影响，开始摸着石头过河，买一些看起来并不是“洼地”但符合通道理论的品种。靠着尼古拉斯·达瓦斯的“一招鲜”，或多或少赚了些钱。2007 年 9 月，前后投入的 5.8 万元资金，盈利竟然达 12 万元！我开始骄傲起来。记得有一次和朋友聊天，我说：“到年底，股市还会再翻一番，你信不信?”朋友想了想，迟疑地问我：“你是说大盘会达到一万点吗?”我笑着说：“肯定可以！”那时的我根本意识不到自己是多么的无知。不过，在疯狂的牛市里，谁又能保持清醒呢?

探索：知识转化为实践需要时间

2007 年国庆节过后，大盘一如既往地冲锋，但好多股票已经不涨了。我没有觉察出来哪里有问题，继续坚持交易，后来就进入了买啥啥不顺的阶段。我依然按照通道理论选股，但原先的“一招鲜”却开始失灵了。为什么一贯笃信的通道理论，一次又一次地失效呢? 我开始另寻他路。

我买了大量的书籍进行疯狂充电。在交易理念方面，我开始研究投资大师们的投资理念，他们成功的案例让我振奋精神，也受到了启发；在基础知识方面，我研究过很多技术指标，甚至还试图自己编辑选股公式。我开始反思，为什么当初买入的股票没有跑赢大盘? 后来我发现这些股票并不是当年的热点，于是痛下决心开始研究中国股市完整的历史。当时我找到一本名为《股市 18 岁》的书，又上网收集了其他材料，认真研读，写下了18篇心得体会——《中国股市历年热点评析》，获得了一位私募基金经理的高度肯定。

不过，知识转化为实践，确实是需要时间的。我觉得自己并不是聪明的人，别人很快能懂的东西，我可能要花很长时间才能看懂。但是我肯定不会认输，既然选择进入市场，再苦再难都要坚持。我不相信凭着自己的努力，还闯不出一条血路来！

始有小成：摸爬滚打后找到一条适合自己的路

2013年6月，在进入股市的第7个年头，我忽然茅塞顿开：在这个市场，我不过是一个交易者，只要能归我所用，何必拘泥于是基本面、技术面还是消息面呢！管它是白猫、黑猫、花猫，抓住老鼠就是好猫，赚钱是唯一的硬道理！我突然发现，所有对股市的解释，都不如牛顿运动定律更为彻底——股价波动说到底是一种虚拟的“运动”，到底是上涨还是下跌，取决于合外力！这种合外力，你既可以理解为基本面、技术面和消息面的共振，也可以解释为市场环境、行业政策、企业成长的共同作用。也正因如此，同样方法选中的股票，由于市场环境不同，走势自然千差万别。而在一个可预见的时间段内，要想让股价上涨，背后至少需要一个强有力的、向上的力量。剩下的就是寻找这种驱动力量。

我集中梳理了自己所有成功和失败的案例，形成了比较独特的短线交易理念。简单来看，主要有三个要点：

第一，坚持动态的选股理念。我依然坚持选择一些“洼地”品种。但这个洼地，既不是K线图中的低位，也不是市盈率上的低估值，更不会拘泥于某个具体指标或者形态，而是通过与大盘指数的对比来寻找。市场瞬息万变，寻找一些涨幅稍微滞后于大盘的，可能更科学、可行。

第二，着眼于寻找背后的驱动力。比如，在年报披露之前，一些成长性好、有业绩增长预期的股票，可能存在业绩驱动；对一家公司来讲，当研发取得重大突破，随着新产品投向市场，好评越来越多，就会受到广泛关注，可以称为产品驱动；节假日来临之前，旅游地点、电影院等受到的关注会越来越多，从而产生节假日驱动。

第三，从多个视角综合权衡股票。如前文所说，股票上涨是合外力的结果。因此要试图从基本面、技术面、消息面等多个角度进行综合考虑，尽可能选择多头力量汇集在一起的品种。

这是我真正经过摸爬滚打、探索出来的一条适合自己的路。在探索的过程中，我不断固化具体的交易模型，如年报交易模型、脱星摘帽交易模型、捕捉热点交易模型、法定流程（影子股、定向增发等）交易模型、突发利空交易模型等，为每年的交易找到了投资机会。在思路稳定的时间里，我的收益也在不断增加。

2015 年，我从股市取出了大部分利润，交了首付，买了一套小面积的学区房。2018 年 7 月，上证指数大概 2600 点时，我经过深度研究，感觉股市进入了一个底部区域，于是做出了一个重要决定——卖掉那套学区房，全仓追加到股市。事后来看，这次判断是成功的。

毫无疑问，这次决定是我股市投资中的重要里程碑。我的资金量跃升了一个台阶，但随之而来的心理压力也倍增了。我逐渐发现，原先那种寻找驱动的短线策略，更适合小资金投资。“船小好掉头”，资金量少，短线进出就很容易；对于相对较大的资金量来说，就很难那么自如了，也不利于心态的稳定。怎么办？只好再次进行自我修炼、求索、进阶。

价值投资：一条真正的康庄大道

随着岁月的积累，很多交易者总是会转向价值投资。历经艰辛探索，我最终还是回到这条康庄大道上。为什么我会选择这条道路呢？先从短期来看，股价波动可能受到各种因素的影响，包括行业政策、风格转换、企业信息、潜在预期等，这些也是我此前盈利的主要来源，但这些因素并不是企业成长中的主要因素。再从长远来看，股价的上升只有一个原因，即企业自身的成长。如果能从基本面找到这些优秀的股票，一样可以取得成功；甚至与短期投机相比，价值投资更省心、更省力，并且更适合大资金投资。用“海阔凭鱼跃，天高任鸟飞”形容价值投资一点都不为过。

回头来看，我对股市的探索，大概经历了三个阶段。

第一阶段，寻找价值洼地。也就是说，寻找一些市盈率很低、业绩增长比较稳健的股票。这种方法比较稳健，因为有业绩的支撑，不会产生大的亏损，但要快速地实现巨额利润也很难。从长远来看，企业成长是唯一推动力，这些股票基本属于成熟型行业，盈利稳定尚且可以，高速成长就很难了，最起码很难实现每年20%以上的复合增长率。

第二阶段，寻找成长投资。就我个人来说，从价值洼地到成长投资，心理上有了一定的突破。因为成长性高的股票，市盈率一般都不便宜。当资金量比较大的时候，在这些高估值的股票上下注，确实需要一些勇气。当时支撑我敢于突破的，是 PEG 指标①。

第三阶段，寻找关键变量。成长投资之后，我从基本面的角度，寻找一些正在突破关键变量的企业。虽然物质的运动取决于合外力，但哲学告诉我们，看问题要找主要矛盾和矛盾的主要方面。在基本面分析的时候，有没有一些蛛丝马迹、一些重要的变量或者先行指标可以启示我们，公司之后的业绩会大幅提升呢？本着这样的思路，我们如果事先可以发现一些重要变量，很可能会发现这样的股票。这种方法可以更深入地寻找基本面的“爆破点”，在一定程度上预知基本面的变化，并且比较节省时间成本。这就是我采用的基本面分析方法，目前来看，它确实帮助我走向稳健投资之路。

基于这样的思路，我开始寻找 AR、VR、车载电子、芯片、国产替代、新材料等行业的投资机会，涉猎的领域也在不断拓宽，仅 2021 年度就成功在联创电子、歌尔股份、东方通、兆易创新、苏大维格等股票中获得了良好收益。最关键的是，我的理念得到进化，收益率更加稳定，心态更平和，对未来的信心也更强。

股市没有天气预报：应对股市风险的案例

市场不可能一帆风顺，收益和风险往往是一对孪生兄弟。我常说的一句话是“股市没有天气预报”，再精确的理论，都不能预告明天的涨跌。这是股民最困惑、无奈之处，也是市场最迷人、精彩之处。我与读

① 市盈率相对盈利增长的比率，用公司的市盈率除以盈利增长速度。

者分享几个应对股市风险的例子。

第一，2007 年的“五月惨案”。在股市一片欢腾的氛围中，2007 年 5 月 30 日的半夜，证监会突然公布了证券印花税上调的消息。经历过那段岁月的股民都知道，在随后的 5 个交易日，很多股票连遭 5 个跌停，股市哀鸿遍野，十分惨烈。而我虽然一直满仓，总损失却没有超过 10%。当时出于对股指上涨过快的担忧，我在 5 月中旬进行了一次调整，换成工商银行、广州药业（现称白云山）、苏宁电器。就是这三只股票刚刚突破箱体，没有经过大幅上涨，所以跌幅并不大。当然我不是先知先觉，我想这是很多人具有的一种本能，当股票快速冲高时，会有一种落袋为安的冲动。

第二，2015 年的“股灾”。2015 年 6 月 12 日，大盘创出 5178 点的新高后，随即开始调整。当时大家都毫无准备，以为仅是正常的调整。没想到后来越跌越惨，特别是 6 月 24 日以后，惨烈程度超过了 2007 年的“半夜鸡叫”。这一次我主要做出两个决策：一是在 4 月底大盘指数大概 4200 点附近时，因为大盘上涨过快，我抽出资金打新股，仓位降到一半；二是我手里持有的股票，2/3 换成了中国平安，1/3 买入了海南橡胶。之所以买入中国平安，是因为当时很多股票已经鸡犬升天了，而中国平安是白马蓝筹股，尚没有大幅拉升。后来，中国平安果真比较抗跌，由于仓位布局相对合理，我的资金损失在 20% 左右。与整个“股灾”相比，我也算是“平安”度过吧！

第三，2020 年的新冠肺炎疫情。一场疫情打乱了所有节奏，先是国内疫情大超预期，后是国外疫情愈演愈烈，市场遭遇了一次又一次的黑天鹅。这次我不仅没有回避，还积极参与。2020 年春节前，我交易过星湖科技、普洛药业、苏州科达等；春节期间，我明确了“科技 +

新冠肺炎”的主题，接连操作了卫宁健康、思创医惠、二六三、光环新网等一大批股票；3 月，我围绕疫情后的政策预期，坚持做多新基建、老基建。这一次，不仅自己没受影响，资金还创了新高，也体现出我的投资理念更加成熟了。

投资最重要的事：持续不断地反思

在股市，我认为最重要的是要有反思能力。不管是长线、中线还是短线投资，在交易完成后，我们要学会反思、总结经验和教训；有时候，因为个人的思维很难跳出当时的市场环境，所以仅反思一次还不够。随着交易次数的增多，投资者对股市的理解不断加深，投资水平才能有所提高。

对于初入股市的投资者，我想说的是：江湖行走，一定要练好自己的“独门绝技”，通过努力探索，找到适合自己的投资交易体系。大家到股市都是想赚钱的，但在股市赚钱，哪里会那么容易呢？与优秀的投资者同台竞技，一定要有自己的“独门绝技”，这通过多读书、多交易、多反思而来。

投资是实现梦想的一个途径，甚至可以把它看作第二份工作。生活和投资不会冲突的，如果非要对两者进行排序的话，当然首选生活。从某种意义上说，投资只是一种手段，生活才是目的。要想在投资上取得成绩，固然需要花费一定的时间。但我决不会因为忙着投资而不去参加亲朋好友的重要活动，也决不会把生活中要用的钱拿去投资股票。

说到这里，我要强调一下：生活中急用的钱，是绝对不能用来投资股市的。首先，风险和利润本就是一对孪生兄弟，股市中几乎不存在包赚不赔的买卖。我曾经亲眼见过一个朋友，拿着买房的钱投资股票，原本可以买一套房子，结果只能买一个阳台或者卫生间。其次，因为资金是急用的，即便你的判断非常准确，也会影响你的心态，股票可能只是回调了一点，你就承受不住卖掉了。

目前，我的做法是：对股市资金采取封闭式运作，不追加、不取出，赚多赚少都是自己的水平，失败了也可以接受，并不会对生活产生影响。自己的工资，全部用来生活，哪怕股票跌了，也不会用工资补仓。只有把两者分清，才能有好心态，最终才会有好收益。

“市场虐我千百遍，我待市场如初恋”，用这句话来形容自己对股市的态度，特别贴切。不管市场如何涨跌，也不管后面会发生什么，我打心底喜欢这个市场、热爱这个市场。正是在股市，我凭着勤奋和努力，从无到有、白手起家，慢慢探索出一条适合自己的路，生活水平也有了较大提高。

展望未来，我依然对中国股市充满信心，因为看好国运、看好中国经济。我也始终坚信，只要肯努力拼搏，只要找到一条适合自己的道路，只要坚持不断地走下去，股市一定能给你一个满意的回报。

当然，只有经历过风雨，才能看见，也才能得到。

投资就是构建一间只属于自己的房子

小鱼量化

投资笔记

投资组合的均衡配置特别重要：在股票组合中要做到价值—成长均衡；在主动型基金中要做到价值—成长风格的基金均衡，或者买入具有平衡风格的基金；在可转债组合中，构建10只以上的可转债组合，等权分配；在指数基金中，宽基指数和行业指数要均衡。均衡配置的目的是降低组合的不确定性，避免单一风格仓位过重，出现大幅下跌的情况。均衡风格比较保险，无论是价值还是成长，至少能踩对一边。

引言 相信看过《神探夏洛克》的人，都对夏洛克惊人的记忆力印象深刻。夏洛克把这项技能归因于建立了属于自己的“记忆宫殿”，即把需要记住的信息与自己熟悉的客观场所联系起来，使用时可以任意抽调。其实掌握这项技能真正重要的是建立联系的能力。@小鱼量化就是一位善于学习，并能够在思维、实践、结果之间构建正向联系的硬核投资者。经过3万个小时的学习，他用万字投资总结构建了一间只属于自己的房子。

置身海外十余年：见证中国崛起

我是一位在中东地区工作近十年的电力工程师。2006年，我从华北电力大学毕业后，进入了电厂运营行业。2013年，我来到了中东，当时遇到的第一个项目就是纯国际化的项目——由美国负责设计，由德国和韩国负责供货，由法国负责调试，由中国负责运行和建造。

一开始我特别不适应。首先外语不过关，沟通存在问题。其次，他们对中国或者中国人不太认可，会质疑我们的能力，在他们印象中，我们对质量的要求就是“差不多就行”。

后来在合作中，我们与他们慢慢建立了信任，渐渐被人接受和认可，拿到了越来越多的项目，我们的底气也越来越足，算是亲眼见证了祖国的日益强大。

跟风投资：懵懵懂懂把钱亏

在被派到中东之前，我一直在国内工作。2007年是A股的大牛市，周围的同事，只要手里有钱就在热烈讨论哪只基金又赚了多少钱，买哪只基金收益好。当时的我每月只有 2000 元左右的工资，完全没有心思听他们的讨论，心里想的都是攒够钱给自己买部好手机、买台好电脑。后来的几年，我经历了结婚、买房，也就没有余钱去投资了。

在海外工作的 13 年时间，我的收入成倍地增加，我开始考虑是不是可以通过钱生钱的渠道，增加一些资产性收入。很不幸，那时候 P2P 特别火。我把目光放在 P2P 上，投入了不少资金，最终以亏损 10 万元出局，还算及时止损。

2014—2015 年牛市来临的时候，我对投资依旧懵懵懂懂，于是付费跟着一个投资人参与股票和基金投资。那时我对价值投资、趋势、技术一概不知，只是跟风买入。好在当时正值牛市，买什么都涨。我清楚地记得当时用 2 万元买了一只主动型基金，两个多月的时间就涨了 33%，2 万元变 3 万元。在亢奋的牛市中，我这个投资小白也免不了越涨越加仓，最高时盈利 70%。然而随着几次大幅下跌的来临，我不懂得要及时退出，结果利润大幅缩水，好在没有亏了本金，最后也就盈利 10%。这就是我的第一次牛市经历。

追寻本源：投资就要明明白白

在接下来的熊市中，我一直在寻找一种能够安心投资的、不用每天提心吊胆的投资方法。于是我寄希望于互联网股票基金投资课程，学习如何价值投资、分析财务三张表、计算股票的估值，学习债券、指数基金的相关知识，但是学完之后，在实践中却无从下手，至此放弃。

大概在2016年五六月，我开始研究定投，接触到了银行螺丝钉和ETF拯救世界两位投资者。后来我主要围绕指数基金投资，跟着有经验的投资者一起投。就这样到了2019年年初，我终于下定决心，开始潜心研究投资。

我做事喜欢追寻本源、刨根问底，对投资也是一样。我从最基础的知识学起，一个章节一个章节地推进。由于一个知识点往往包括了若干专业名词和其他知识点，这样就造成了我刚开始学习投资时感觉特别难，进度也很慢，不过只要坚持下来，基础就会打得比较牢固。

2020年，我的指数基金投资体系已经较为完整，需要研究和跟踪的时间并不多。2020—2021年，我把研究内容转向了可转债、主动型基金和个股，总结归纳了一套几万字的投资体系，并在这两年付诸实施，形成了自己持有的四大投资品种：指数基金、主动型基金、可转债和个股。

3万个小时：我给自己搭建了一间投资的房子

按照我关注的四大投资品种，和大家分享一下我的投资策略。

指数基金

我的指数基金投资经历了三个阶段：跟着别人投、模仿别人建立资产配置组合、形成自己的投资理念。我的资产配置组合创建于2019年，包括股权、债权类、商品类、现金类等品种。2021年9月13日，我的收益率创新高，达到41.8%，目前有所回撤，与沪深300之间的差距越来越小。

在指数基金投资方面，我总体遵循了左侧价值投资的理念，买入的品种大多是低估值的标的，占比最大的几个标的有上证50、上证180、中证红利、中证500，还有低估值的全指金融、中证银行、中证基建工程。

2022年，我突破了以前只买低估值、低成长的品种，买入如大幅下跌的中概互联、中证医疗等，对于优秀且稳定增长的资产，市场很难给到特别低的估值，只要在合理估值或者合理偏低估值的时候就可以买入，并长期持有。

我坚持的策略是目标市值与恒定市值的比值，目前持仓的大多数指数都处于估值中枢以上的位置，没有出现特别明显的高估，只要达到±10%的操作阈值，就开始被动地买入卖出。这种方法实现了被动的低买高卖，特别好用。此外，我坚持化繁为简，比如有些行业基金可用知名的主动型基金代替，优化投资组合。

主动型基金

主动型基金在我的整个配置中占10%左右。2020年5—6月，我开始研究主动型基金，初步建立了投资主动型基金的逻辑和体系，并于2020年6月买入了兴全趋势和富国天惠，2021年以来我又配置了睿远基金。

2021年7月，我买入东证睿泽，主要基于以下两点：其一，东证睿泽属于三年期封闭式基金，有11%左右的折价。当时的股市吸引力指数是2.2左右，加上11%的折价，股市吸引力指数为2.2÷（1－11%）=2.47。而股市吸引力指数在2.5时就有很好的投资价值。其二，通过了解得知，基金经理孙伟是一位优秀的中生代基金经理，值得托付。

2021年2月，很多基金惯性上涨，不断创出新高，大家都在讨论，基金的钱太好赚了，短时间内就涨了20%～30%。我买入的兴全趋势和富国天惠，当时已经有40%～50%的收益率。而股市吸引力指数最低到了1.5附近，提示股市处于高估状态，我认为自己的主动型基金仓位很少，没有过多关注，因此错过了止盈。中国最优秀的一批基金经理的年化收益率可以达到20%，所以未来如果主动型基金的年化收益率达到20%，投资者就要坚决止盈一部分，防止坐过山车，即践行目标收益率止盈法。

可转债

我投资可转债经历了近两年时间，一轮牛熊下来，投资体系已经跑通。我从2020年上半年开始系统研究可转债的投资体系，最早的一批可转债组合大部分是在2020年下半年买入的。当时我采用了传统的双低（低价格＋低溢价）策略，买入的价格偏高，均价大概在105元，并没有特别注重正股基本面的研究。经历过几轮下跌后，我给自己规定了买入可转债的几个指标：

（1）价格小于100元；

（2）正股PB≥1.3；

（3）溢价率≤40%；

（4）企业处于盈利状态。

以上四个指标缺一不可，价格小于100元是关键指标；正股PB≥1.3为下调转股价预留30%的空间，因为大多数可转债合同中约定，下调后的转股价不能低于净资产；溢价率≤40%，方便能够筛选出足够多的标的，如果不能筛选出足够多的标的，可以适当放宽一点，比如

50%；企业处于盈利状态是很重要的一个指标，只选择盈利的正股，亏损的可转债容易变成问题转债，导致可转债价格下跌，并且溢价率超高，这个指标比单纯看评级要实用。

个股

我和大多数新手一样，刚开始投资个股的时候，从“银地保”这样的低估值板块入手，买入的都是类似中国平安、万科 A、招商银行这样的价值股。幸好，我在开始学习价值投资的时候就找到了一条正确的道路，将好行业、好公司、好价格作为投资框架进行分析，买入的成本还算可控。但让我没有想到的是，价值类公司的跌幅如此恐怖，以中国平安和万科 A 为例，从盈利 30% 一度跌到浮亏 30%，这让我真真切切地感受到了市场的残酷。

在刚开始投资股票时，我关注到某个标的之后，就投入了极大的关注，跌了一点就频繁加仓，导致标的真的大幅下跌时却不敢加仓或者没钱加仓了，说白了是基本面和仓位控制方面出了问题。经过近几年的实践，我在这方面有了明显的改善：首先，保证指数或者股票本身能够经得起考验，即使短期面临一定的困难，从长期来看前景依然不错；其次，做好仓位管理，在合理估值时建仓，拉开价差，分三至四次加仓，这样基本能够保证在较为悲观的情况下依然有资金加仓，从而拉低整体的建仓成本。

回顾自己的股票投资之路，有几点感悟：一是我对行业和公司缺乏深度的认知，似乎在公司研究方面并没有什么天赋。二是股票投研在精不在多，关注三五家优秀的公司就足够了。在股票投研过程中，跟踪研究达人是个不错的方法，比如腾讯和茅台可以关注老唐的研究，金融、地产也有很多优秀的投资者在研究。但只跟踪是不够的，投资者一定要有判断是非的能力。三是不要优柔寡断，有更好的标的果断调仓。四是控制仓位上限。2022 年我的亏损主要发生在股票上，原因是我激进了一些，仓位最高的时候占整体组合的 40% 之多。

牛熊洗礼：成为真正的投资者

俗话说，至少经历过一轮牛熊市的战火洗礼才能够成长起来，成为一个真正的投资者。

2015 年下半年至 2018 年年底的熊市让我成为一个左侧价值投资者，分档建仓这样的策略对我来说驾轻就熟，在熊市不断下跌的市场环境下，我越跌越买，心态非常稳定。

与此同时，我在投资中更加注重投资品种的实践和挖掘。我关注和投资的指数基金、主动型基金、股票和可转债这四大品种的标的加起来有六七十只之多。虽然我无法做到长期实时跟踪，但我希望可以利用一轮牛熊的时间尽量体验更多的品种和标的，更加熟悉这些品种的优缺点，为将来的品种优化和缩减奠定基础。

这两年，我有一个很重要的投资感悟，就是宁可少赚钱也要控制好大幅回撤，防止对心态产生较大的负面影响。因为下跌带来的痛苦，远大于上涨带来的快乐。我想要的是资产稳健增值，要知道“一夜暴富”的另一面可能是“一夜返贫”。

此外，投资组合的均衡配置也特别重要：在股票组合中要做到价值—成长均衡；在主动型基金中要做到价值—成长风格的基金均衡，或者买入平衡风格的基金；在可转债组合中，构建10只以上的可转债组合，等权分配；在指数基金中，宽基指数和行业指数要均衡。均衡配置的目的是降低组合的不确定性，避免单一风格仓位过重，出现大幅下跌的情况。均衡风格比较保险，无论是价值还是成长，至少能踩对一边。

投资旅程：我乐在其中

回顾自己的投资历程，我好像比普通投资者投入得更多一些。我依稀记得2018—2019年，我刚开始深入研究投资，感觉特别难，弄懂投资原理、挖掘整理数据、总结形成文章，往往需要7～10天。我强迫自己学习、写作和实践，要求自己每周必须写一篇雪球专栏。

可能读者会问，你花这么多精力研究投资，是不是通过投资才赚到了自己的第一桶金呢？严格来说不是，我的第一桶金主要来自近十年在海外工作赚到的工资，并逐渐把工资变为可投资资金。在2015—2016年“股灾”之后的这一轮投资中，我的投资金额是不断扩大的，截至2021年年底，我的年化收益率在12%左右。虽然收益率不算高，但我对这几年自己的辛苦付出和努力感到很满意，随着投资能力的逐步提高，我的心态越发平稳，相信在未来必定会有更大的收获。

目前我花在投资研究上的时间比较多，下一阶段会逐渐化繁为简，用最简单的股债资产配置理论来运行自己的投资体系，减少自己在投资上花费的时间。未来如果我的资产规模能够支撑不错的生活，我也会考虑辞掉工作，发展兴趣爱好，享受平凡的生活，兼职做投资。

这是我对投资和生活的态度，我乐在其中。

从股票到基金，我的 12 年投资路

Polly 投资

投资笔记

这次成功的投资经历让我有了很重要的四点体会：第一，资金分散化很重要，关键时刻债券基金和现金能为我们提供低成本买入的机会；第二，风险控制很重要，抄底也需要在估值指标指导下分批进行，任何情况下都不能超过自己的风险承受限度，要事先做好风险预算，而不是事后“割肉”；第三，情绪控制很重要，上涨时多看看风险指标，最黑暗的时候多坚持一刻；第四，量化很重要，是克服负面情绪、未知、迷茫的最佳手段。

引言 2009年，他拿着3万元压岁钱入市，起起落落走过了13年的投资路。投资让他懂得了“世间万事皆概率”，体会到了市场的变幻莫测。他深感自己的渺小，明白了我们需要更强大的能力来面对不确定的世界。

他从斯特朗的《投资组合管理》、理查德和雷诺德的《主动投资组合管理》中受益匪浅，走上量化投资之路，偏爱低估值、高股息资产。历经几轮牛熊，他形成了“重点投资基金，关注资产配置，强调风险管理，借助量化手段”的投资风格。他认为理性的金融模型可以让人规避一些“坑”，也坚信只有配合感性的市场洞察力和人性洞察力才能做好投资。

初识投资，是存折里压岁钱的利息

我对于投资的意识，在读书时就形成了。我最早知道投资是在上小学时，家里有几本书，内容跟银行、股市、期货有关，我看不太懂，就当闲书看。高年级时，我拥有了家长帮开的存折，就把压岁钱放进去，时时关心能拿到多少利息。我的“滚雪球”之路，从那时就已经开始了。

存折里压岁钱的利息给了我一些灵感。初中时，我每次考试前都和同学打赌，如果名次低于某值，同学给我几十元钱，这样即使考砸了我也能得到心理安慰；考好了，我会给他同样数目的钱，但家里给的奖励更多。现在看来，我在那个时候已经有了对冲风险的意识，算是我最早做的“衍生品”交易。

后来，在2007年全民狂欢的大牛市，我身边的长辈纷纷入市，到处都是谈论股票、基金的人，我也开始留意金融市场。“十年黄金大牛市”“死了都不卖”等论调，至今我仍记忆犹新。从那个时代过来的人，不会轻易相信“赛道永远牛”这种事。看到泡沫破裂，也就看到了市场的变幻莫测，我打算先储备知识，再正式开启投资之路。直到 2009 年市场复苏，我才正式开户。

2009—2022 年，13 个和投资相伴的春夏秋冬，我感触最深的是“不可知”。经历几轮牛熊，我深知自己的渺小，慢慢感觉到不仅是股价，而是“世间万事皆概率”。人或许能知道某些事件的概率，但多数结果是不可知也不可控的。我们能做的，只有选择概率上更有利的赛道（比如基金），努力提高成功的概率（量化筛选超额收益高的基金），坚持把有利的概率转化为成功的结果（长期持有）。而如果结果不尽如人意，也必须接受（做好配置风控，不至于造成严重损害）。

金融市场是量化版的社会，这些经验同样适用于其他领域。

逐渐在投资路上摸索，重要的是不断成长

我投资主要依靠组合管理实现稳健的收益、较低的回撤（不超过 15%），持有单只基金、股票的仓位都不重。投资组合的日常就是这个涨那个跌，很少有特别突出的大牛股，也少有踩雷亏惨的时候。这么多年来，还是有很多投资案例值得分享。

第一个案例，是我充满偶然的第一桶金。

2009 年，我拿着自己的 3 万元压岁钱入市，谨小慎微，越涨越加，看着券商研报买了一堆股票，到年中市场大幅回调，我的浮盈几乎赔了

个干净。我觉得自己太弱，这个方法行不通，就开始在网上搜索基金论坛，从持有封基等老师的帖子中学会了封闭型基金的基本原理，大体了解了封闭型基金的收益来源：净值增长、折价收敛、折价分红，其中净值增长是最重要的。结合书本，我知道夏普比率同时考虑了风险和收益，就自己用软件导出数据计算夏普比率，选出了一些看好的基金。2009 年夏天，市场从 3400 点急剧回调到 2600 多点，我正好在这个时候进入，也不懂什么 PE、PB 估值，大概看看 K 线形态走了 W 底就买入。也是运气好，盈利超 10%。

这第一桶金的偶然性其实很强。我简单地用历史业绩和风险数据选择基金，由历史数据推测未来，而忽略了业绩归因和均值回归，这也为后来的投资埋下隐患。

第二个案例，是在 2016 年下半年高位买入汇利 B，让我交了昂贵的“学费”。

它是一只杠杆债券基金，当时我看它的历史收益率很高，历史风险低于股票型基金，性价比较高。我还非常“学院派”地学习了桥水的全天候配置策略——在债券上加杠杆，放大风险，达到接近股票的水平。然而，我却完全忘记要去看一眼国债收益率或中债净价指数。此后半年，赶上债券熊市，汇利 B 一路暴跌，最终击穿了我的心理防线。我精准“割肉”在最低点，将当年股票、基金的收益完全亏光。

通过这次经历我认识到：拘泥于教材、理论、模型，缺乏实战经验和高人指点，非常容易让人“交学费”。我们还是要将理论与实践相结合，在实战中学习。另外，固收类基金也存在不小的风险，长期收益率却常常不及股票型基金。后来，借着 2018 年的熊市，我将股票型基金的占比大幅提升，越跌越买，为我后续的投资奠定了良好的基础。同时，我接受教训，开发了属于自己的债券基金择时模型，尽量避免犯低级错误。在此提醒一下购买“固收 +”的朋友，在享受收益的同时，一定要对潜在的风险有所预期，因为它并不是保本理财。

第三个案例，是让我大获全胜的抄底网格交易。

新冠肺炎疫情期间，很多人对市场十分悲观，复工第一天市场暴跌，好几只场内基金跌停或接近跌停，相对估值大幅折价。当时我果断用20%的仓位买入兴全趋势 LOF、景顺长城鼎益混合 LOF、广发小盘成长混合 LOF 等基金。后来美股暴跌，引发国内市场二次下跌。我根据 PB 指标结合风控模型，确定了抄底网格交易。买入基金的同时，我还动用备用资金，在期权市场卖出认沽期权，于高波动时期收入不少期权费，也达到了自动网格抄底的目的。

这次成功的投资经历让我有了很重要的四点体会：第一，资金分散化很重要，关键时刻债券基金和现金能为我们提供低成本买入的机会；第二，风险控制很重要，抄底也需要在估值指标指导下分批进行，任何情况下都不能超过自己的风险承受限度，要事先做好风险预算，而不是事后“割肉”；第三，情绪控制很重要，上涨时多看看风险指标，最黑暗的时候多坚持一刻；第四，量化很重要，是克服负面情绪、未知、迷茫的最佳手段。

现在回想起来，一开始走上基金投资之路，是我多年来投资没有大赔、还有小赚的关键一步。我得承认，我当时严重缺乏对个股、行业的了解，不熟悉商业模式，利用一些二手的、碎片化的消息买个股，就如同飞蛾扑火，能在回调中跑出来已属万幸。买基金则是站在巨人的肩膀上，用评价投资组合的方法评价基金，选出业绩良好的基金构建组合，减少波动，相对容易一些。

我也特别感谢雪球。雪球是广大投资者最佳的“笔记本”，它写满了我们过去的成败，非常有利于个人的反思和成长。雪球的模拟组合功能更是剖析自身问题、探索投资策略的有力工具。

长期与投资相伴，坚持收益稳健、回撤较低的策略

在市场里摸爬滚打了多年，我形成了自己的投资理念：关注资产配置，强调风险管理，借助量化手段。

资产配置是长期收益率最大的影响因素。至于我的原则，第一是积极，即保持较高的权益类资产投资比例，一般不低于50%；第二是平衡，具体表现在行业的均衡——投资均衡风格的主动型基金和宽基指数，大类资产的分散化——同时投资A股基金、美股基金、债券基金，以及策略的分散化——同时投资主动型基金、打新指数基金、可转债基金。

风险管理是生存的法宝。原则是“知己知彼”，既通过长期的实战了解自己的风险承受能力，比如最多损失本金的15%；又了解资产的风险特性，比如股票型基金的最大回撤可达30%。在“知己知彼”的基础上，确定各种资产的配置比例，如按照我举的例子，粗略估计股票型基金可以配置50%。

除了绝对收益率层面的风险控制，还有一个不容忽略的点是主动风险，即基金经理投资的股票和基准沪深300有多大的偏离。我更倾向于

行业配置不那么集中的基金。过度集中于某些赛道或是“茅宁”这样的大龙头，短期业绩可能不错，但市场风格切换后，容易“只赚指数不赚钱”。

想实现上述两点对风险的控制，依靠粗略的估计和定性分析是可行且有帮助的。基金的定期报告能提供足够的信息，借助量化模型则能使分析更及时、可靠。例如，我们可以用 CAPM 模型计算基金的超额收益，更好地判断基金经理的能力；也可以用 Fama－French 三因子量化模型判断基金的风格，以及剥离风格因素之后的超额收益；还可以使用资产或因子协方差矩阵估计风险、确定资产配置；等等。量化数据的来源主要是聚宽网、choice 和果仁网，定性分析在雪球社区有不少，晨星网有基金经理的留职率、公司整体业绩的数据。

我认为量化金融模型是很好的信息处理器，可以把投资观点转化为实际收益。但投资者不宜神化量化投资和金融模型，如果只会用模型而缺乏洞察力，将垃圾信息输入模型，只能得到无用的结果；也不宜盲目认为金融模型无用，模型不能对未来做出精确的预测，但能指明正确的方向，避免无谓的损失。即使是 51% 的预测胜率，也能带来超额收益。

除了用量化指标进行筛选，对于主动型基金的定性分析也很重要，我的方法是“好公司、好经理、好基金”。这个逻辑就像我们看病喜欢上大医院找专家一样。好基金公司的特征是：旗下基金业绩好，团队优质稳定，内部控制和公司治理较好，没有明显的丑闻。基金公司的优秀表现可以部分抵消基金经理变动带来的影响，降低“代理人问题”损害基民利益的概率。好经理的特征是：风格较稳定，管理业绩中等偏上，熊市抗跌。之后我们选择该经理管理的旗舰基金，通常是成立较早、业绩较好的那只。

源源不断的投资动力，来自理想的生活状态

我是 FIRE（财务独立提前退休）运动的坚定支持者。FIRE 运动是一种以经济独立、提前退休为目标，重视精神幸福多于物质满足的生活方式。我自行搭建的蒙特卡洛模型显示，如果我的结余能达到工资收入的一半以上，且年投资收益率高于 9%，就有希望达成目标。这也是投资于我的非凡意义。

老一辈人觉得在国企、事业单位工作很稳定，工资比投资更“靠谱”、更“务正业”。他们的看法值得我们参考借鉴。认真工作是资本原始积累的重要手段之一，钱少的时候做加法比乘法有效。另外，能带来稳定现金流的工作就像固定资产，能给加仓提供“弹药”，也可以作为资产配置的一部分。但是我认为，把自己的幸福全部寄托在稳定的工资上是极其危险的。远有职场危机，近有疫情期间降薪的案例，更不用说工作和家庭、健康难以平衡。投资需要分散化，人生选择和收入来源更需要分散化，这样才能有效抵抗风险、保持健康、照顾家庭，在社会竞争中多一份筹码、少一份焦虑。

除此之外，我能在投资这件事上坚持这么久，一是因为投资有“及时反馈”的特性，二是因为它是我的兴趣所在。

所谓“及时反馈”，一方面，通过投资赚了钱、尝到了甜头后，我会投入更多精力。投资这么多年，最开心的时刻是投资收益超过工资收入的那一刻。另一方面，投资能帮助我成为更好的人。人的成败在现实社会中很难被衡量，做对与做错都不能得到及时的反映，等醒悟过来为

时已晚。而金融市场是量化的现实社会，贪婪、恐惧、愚蠢总是能被有效、及时地反馈，“市场先生”的皮鞭从不留情。投资久了，我的情绪更稳定，更敬畏世界的不确定性，面对成功会多一分谦逊，面对失败会多一分豁达。

所谓兴趣，有对几亿真人在线玩“投资游戏”的兴趣，也有对认识世界、探寻真理的兴趣。在探寻真知的同时得到经济奖励，绝对是人生一大乐事。

送给股市新人的三句话

对于刚开始投资的新人，我特别想谈一下线性思维的危害，也就是简单认为历史高收益代表未来高收益。新人往往依赖简单的收益率数据或者榜单来选择基金，但其实还是应该多做业绩分解、归因，搞清楚过去的良好业绩，是随着市场水涨船高、押对了大小盘从而价值得到提升、挑对了赛道或个股，还是因为基金经理的能力。股市估值不能无限提升，债券价格也不会涨到天上，个别行业不可能脱离整体环境无限扩张。如果一只基金主要靠这些赚钱，就很有可能出现均值回归，未来的收益反而变差，这是我们需要警惕的。

我相信金融理论和模型作为有效的信息处理器，可以帮助我们避开一些“坑”。但对行业、人性的洞察力才是实现超额收益的源头，拥有它们才能为金融模型提供有效的输入。缺乏洞察力，单纯依赖模型和统计，结果不会比靠“算命”好。

“知己知彼，百战不殆”这句话，其实很适用于投资。“知己”就是了解自己的长处、短处，知道自己能承担多少风险，明白要在哪个方向努力，要把哪些委托给市场或专业机构。“知彼”是要有对人性、金融市场、投资标的、国情和世界的认知。

未来的投资路还很漫长，以下是我想送给各位投资者的三句话。

无财作力：勤俭实现原始积累；

少有斗智：尽早入市，多学高门槛的专业知识；

既饶争时：做时间和风险的朋友，获取长期稳定收益。

做一条有财务自由梦想的“咸鱼”

量子咸鱼

投资笔记

“以质为引，重剑无锋”。“以质为引”，即投资就是买能力圈内最优质的资产，以标的质地为指引，不为了配置而配置。“重剑无锋”是对投资中最简明、质朴却又最重要的三个基本原则的阐述：

第一，寻找能力圈内最优质的资产；

第二，在估值合理甚至低估的时候买入并持有，高估离谱的时候卖出；

第三，面对市场波动需要保持一个好心态。

引言 在刘慈欣《球状闪电》一书的结尾，女主人公送给男主人公一朵量子态的玫瑰，这朵玫瑰的神奇之处在于，当你观察它的时候，它就会消失；而当没有观察者时，玫瑰又会热情绽放，肆意散发清香。

作为一个科幻迷，他对书中提及的“量子玫瑰”的印象极为深刻。结合自己的投资与生活状态，他将雪球昵称取名为@量子咸鱼。

在他的AB面人生中，A面的他，在旁人眼中似乎只是一个没什么特别追求的体制内打工人，过着咸鱼般的生活。但在远离他人关注的背后，B面的他，业余时间几乎都在努力学习投资，勇于追求财务自由梦。

再深入点说，他想表达的态度是：不管是投资还是生活中，在人前不要树立过高的人设，这样自己的心理压力就会小很多。但是人后还是要多努力，机会总是青睐有准备的人，投资也需要本金和知识的积累，靠运气赚的钱迟早也会凭本事亏光。

缘起：一位“不务正业”的专业课老师

我是一个在体制内工作却又心怀财务自由梦想的普通打工人。我大学的专业是软件工程。在大学里，我还算是半个程序员，但毕业后的工作和IT行业就没有一点儿关系了，所以在专业领域，我把自己定义为一个“半桶水的程序员”。

但是大学里积累的代码功底还是为我的投资提供了一点帮助，比如我自学python写了一个对指数进行估值的程序，我把它命名为“咸鱼估值系统”。整个系统都是我一行一行写代码独立开发的，花费了不少心血。我自己指数部分的仓位就是依据这套系统来做决策的。

我的投资启蒙也是在大学阶段。当时一位“不务正业”的专业课老师给我们科普各种理财知识，包括货币基金、债券基金、指数基金，还有非常火爆的 P2P。听了那位老师的课后，我便开始沉迷于投资赚钱，一发不可收拾。可惜当时还是一个穷学生，不仅本金太少，投资知识也不足，处于瞎折腾的阶段，基本还是以买货币基金为主（当年还是余额宝的时代，各种“宝宝们”风靡一时）。

工作后我有了收入，才算真正开始投资生涯。那时每个月工资一发下来，我只拿一小部分出来满足日常吃喝需求，其他全部用来定投指数基金。

当时我对投资充满了热情，对财务自由无限向往，所以生活上就有动力省钱。尤其是有了时间复利的概念后，我恨不得把每一元钱都省下来做投资。

随着对指数基金的理解逐渐加深，我开始接触个股，但那时对个股的理解很浅，没有深研过企业，只是单纯看看行业空间和估值。同时，我阅读了大量投资类书籍，每天如饥似渴地学习，雪球上很多用户的投资观点也让我受益匪浅。

对我投资体系的形成帮助最大的是雪球人气用户@水晶苍蝇拍的《股市进阶之道》。这本书系统介绍了关于行业供需格局、企业竞争优势、商业模式优劣和企业定价权等内容。这些都是研究企业最核心的部分，只有搞懂了这些，才能建立起对企业的整体分析框架，此时再结合财务数据做分析，才能达到事半功倍的效果。在这基础上，结合我的具体投资实践，反复思考和复盘，慢慢地，我的投资体系也就不断地完善起来了。

得道："以质为引，重剑无锋"八字哲学

我将自己的投资体系归纳为 8 个字："以质为引，重剑无锋"。"以质为引"，即投资就是买能力圈内最优质的资产，以标的质地为指引，不为了配置而配置。

"重剑无锋"取自金庸武侠小说中的"重剑无锋，大巧不工"，说的是堪称神剑的玄铁重剑，在浑厚内力之下，即使无尖无刃，即使平淡无奇的招式，亦能发挥出一剑斩苍穹的威力。"重剑无锋"是对投资中最简明、质朴却又最重要的三个基本原则的阐述：

第一，寻找能力圈内最优质的资产。我们只能自己慢慢搭建投资体系，然后通过实战去摸索总结。

第二，在估值合理甚至低估的时候买入并持有，高估离谱的时候卖出。对我来说，再好的资产也要有一个好价格。

第三，面对市场波动需要保持一个好心态。一方面，要对自己持有的资产足够了解，如此，当市场大跌的时候才不会慌，甚至有勇气加仓；另一方面，则是对投资心态的磨炼。

这三条基本原则的设定就像阿西莫夫的"机器人三定律"一样牢固不破，每一条都极其简单明了却又深刻（"重剑"往往非常笨重和质朴），如果能真正领悟并在自己的投资实战中践行，那么即使没有非常高深的数学或财务知识（重剑往往没有"锋芒"），也能在投资道路上走得很远。

投资就是买能力圈内最优质的资产，但早年我不明白这个道理，亏

了不少钱。还记得前几年我在新华医疗上的投资，那时自己对企业研究不足，只是简单地认为新华医疗处于医疗器械这个优质赛道，并且当时估值非常便宜，营收规模很大，处于龙头地位。凭借这些认知，我便草率地买入了。

现在回过头来重新审视这笔投资，我发现存在非常大的问题：一方面，新华医疗当时营收规模的快速增长是建立在大量并购的基础上的；另一方面，新华医疗的盈利能力很差，利润含金量也不高，虽然估值非常便宜，但是市场对其盈利没有信心。后来在估值修复一些后，我就换仓了其他标的。

这笔失败的投资带给我的教训是：要投资自己能力圈范围内的企业，在对企业基本面研究不够深入的情况下，不能盲目因为估值低而买入，这样往往很容易陷入价值陷阱，比如企业增长动力后继不足、盈利能力差等。这也从侧面说明，相比于买基金，买个股对投资者企业研究能力和风险承受能力的要求都更高。

当然，我也有过不少赚钱的案例，印象较为深刻的是对消费红利的两次买入：第一次盈利 50% + 后清仓，第二次盈利 22% + 后清仓。我挑选了大消费赛道中的必需消费细分赛道，同时应用有效性比较强的红利因子来获取超额收益，我个人是比较看好的。

这两次交易我都是在指数 PE 估值处于 30% 分位点左右开始买入，并且越跌越买。后来消费红利涨起来了，我在 PE 估值处于 90% 分位点以上时，在高估状态下清仓。

从这两笔交易中我得到的经验是：好指数也要有好价格。在指数质地优秀的情况下，价格合适就可以开始逐步建仓，耐心持有；当指数估值处于高位的时候，要逐步分批止盈获利。

我的投资策略是：主要仓位配置优质成长股，辅助配置“优质行业指数 + 优质 Smart Beta 指数 + 优质主动基金”，叠加打新、套利、估值切换来增厚收益。

选股方面，我主要看重行业的需求空间。首先，所谓水大鱼大，只有行业空间足够大，才能诞生大市值的企业，吃到企业跟随行业增长的红利。其次，行业竞争格局也要尽量好一些。大部分处于快速成长期的企业，护城河往往不是那么宽阔，此时如果竞争太过激烈，那么无疑对投资者是不利的。最后，企业要有明显的业绩驱动因素，如果买的是基本面没有亮点的企业，那么业绩增长的可持续性往往不好。

以我重仓持有的腾讯控股举例，虽然目前腾讯因为各种利空因素叠加，股价萎靡，但是腾讯的业绩驱动因素仍在。腾讯短视频业务增长空间仍较大，视频号发展状况良好，未来有望贡献新的流量增长点；云服务业务目前还处于蓝海，腾讯云服务发展良好，未来降低硬件转售业务占比，注重发展质量和改善利润率，有望贡献利润增速；海外游戏发展良好，市场空间广阔，国内游戏在版号恢复后有望重拾增长；所处的行业竞争格局也很好，社交上靠微信垄断，游戏业务已经稳坐行业头把交椅，云服务和短视频也做到行业第二，目前的投资性价比较高。

选基方面，指数层面主要以指数化投资者的“五大超额收益来源”作为主要原则，来获取超额收益，包括 Smart Beta 策略（尤其是多因子复合策略）、优秀行业策略、主动增强策略、打新策略和低费率策略。主动型基金层面，倾向于分散买入多只优秀主动型王牌基，从而构成一个“优质主动基武器包”。

以我2022年持有的“创业板双雄”（创业蓝筹和创成长）为例，创业蓝筹是一个复合策略加权型指数，其策略为：市值因子 + 质量（基本面）因子 + 低波因子。创成长策略为：市值因子 + 成长因子 + 动量因子。我以价值投资为主，成长股趋势投资赚取中段利润的方法，可以成为我投资体系的有益补充。创业蓝筹和创成长应用多因子复合策略后，相对于创业板基础指数（创业板指和创业板50）具有超额收益，是配置创业板不错的标的，目前估值方面也不贵，持有性价比较高。

普通上班族，买基金还是买股票？

对于普通上班族来说，如果自己的风险承受能力低，对投资收益率预期也不高，平时也不愿花费过多的精力在投资上，不妨用每月结余的钱定投沪深300指数增强基金，或者分散定投几只优秀的主动型基金，长期持有，市场整体高估时再卖出。

如果觉得自己风险承受能力还行，想获取一些超额收益，同时也愿意花费一定的精力在投资研究上，不妨再加入一些优秀的行业指数或者策略指数，主动型基金里面也可以再细化一下，买卖基金在估值上也可以再精细一些。

如果觉得自己风险承受能力较强，愿意把投资当作一项事业来做，那么不妨在持仓中加入一些具体企业持续跟踪研究。当然盈亏同源，买个股的潜在风险与潜在收益都更大。

初心：看淡波动，投资是为了让生活更美好

从我正式开始投资到现在已经6年多了。早些年面对市场大涨，我也会为自己资产的增值感到开心；市场大跌，也会感叹自己为啥买早了，为啥不等市场跌到位再买。平时没事的时候也经常打开行情软件看股价波动。

但是，随着投资体系的进化与投资经验的积累，我对市场波动渐渐看淡了。我觉得用遛狗理论来形容市场非常形象，企业的内在价值就是“遛狗人”，市场就是那只活蹦乱跳的“小狗”，有时候“小狗”跑到“遛狗人”（企业的内在价值）的前面，有时候又落在了“遛狗人”的后面，但是只要“遛狗人”是不断向前走的（企业内在价值的增长），那么长期持有优质资产就能赚到钱。

在投资中有一点非常重要，就是面对市场波动需要保持一个好心态。一方面，是要对自己持有的资产有足够的了解，这样市场下跌便不会影响你的情绪，只会为你提供一个好的买点。另一方面，则是磨炼投资心态。市场波动的时候不妨刻意练习“转移注意力”大法，该上班上班、该带娃带娃、该看剧看剧。我一般通过做基本面研究或者学习具体投资知识来转移注意力，时间久了，这种“转移注意力”的刻意练习就能磨炼投资心态。

在投资与生活的平衡上，一方面，我觉得不要因为投资影响了生活方面的现金流，不要加杠杆，要保留一定的生活备用金。投资者若使用杠杆，在市场大跌时肯定会影响生活。

另一方面，要尽量得到家人的支持（至少不反对）。这对于投资者而言是非常重要的，这也是前文所说的“面对市场波动保持一个好心态”的重要精神支柱。我的妻子非常支持我做投资，我平时也经常与她探讨投资。平时空余时间，我基本在做投资研究，妻子也都看在眼里。所以在她心里，我是一个在投资上“靠谱”的人，即使这两年市场大幅回调，家庭方面也没有给我的投资带来什么压力。

每位投资者来到这个市场的初衷都是让生活变得更美好。市场波动在所难免，唯有保持平和的心态，才能走得更远、看得更透。

挚爱之旅

投资可抵岁月长

你可曾幻想跳着踢踏舞去上班?

投资苦旅，岁月漫长，

他们却能享受到投资带来的乐趣。

坚持下去吧!

你会发现，投资终将改变人生。

投资源于热爱

汤诗语

投资笔记

主要投资方向：首先，选择投资在合理估值水平下、具有中型及以上规模、执行力强的企业；其次，选择技术上、方向上极具特色的中小企业；最后，在某些特定的泡沫时期，选择低估值企业，以尽量减少回撤。

主要回避方向：首先，回避同时具有大市值和高估值特征的企业；其次，回避技术上、方向上同质化严重的细分行业。

考虑到A股及港股高波动性这一特征，在某些时段，做一些较高频率的交易也是必要的。

引言 他是一个“非典型”医药基金经理，既不是金融科班出身，也并非医药从业者。但他凭借着对投资的无比热爱，以及在多年求学和工作中积累的数据处理能力，让自己能够排除众多噪声的干扰，直抵事物的本质。最终，他在投资领域取得了属于自己的成就。

工作源于兴趣

一直以来，我有三个兴趣点：计算机、军事、投资。在这么多年的学习和工作中，这三点爱好都让我获得了极大的满足感。因此，我认为自己比较幸运。

高中毕业时，出于热爱，我选择了软件工程专业。大学和研究生阶段的学习满足了我对计算机等科学技术领域的知识需求，同时，7 年的计算机专业教育，也培养了我的逻辑和数据分析能力。这让我在今后的工作中，更容易挖掘事物的本质和内在联系，也给我后续的研究工作带来了不少的帮助。

研究生毕业以后，我进入中国船舶重工集团公司第七零九研究所，从事软件工程师的工作。七零九所是我国最早从事计算机技术的研究所之一，为国防现代化和信息化做出了巨大贡献。于我，在这里工作也有两个比较重要的意义：一是在学校学习的计算机知识更偏基础和理论，在这里我能够继续探索计算机在实际领域中的应用；二是它满足了我的另外一个兴趣——军事。在这里，我有机会亲身参与国防领域的建设，有机会看到我的成果服务于军事行业，有机会和解放军战士们共同工作，这对我来讲是一个很大的成就。

我的第二份工作在Moody's Analytics（穆迪），它是Moody's Corporation的子公司。相比较而言，Moody's Corporation的另一家子公司Moody's Investors Service（中文名称为穆迪评级），更为人所熟知。Moody's Analytics属于金融科技领域，业务包括为金融机构研发风险控制系统、围绕信用风险进行计量及评估。那么于我个人而言，在穆迪的经历属于过渡阶段。更多的意义在于，我看到了计算机数据领域在金融行业的重大作用，也为我搭建了一座从计算机到金融行业的桥梁。

在2015年5月，机缘巧合，我得到了公募基金公司面试的机会。当时我作为个人投资者，关注股票也有几年了，所幸从一开始就没有走太多的弯路，主要关注企业的基本面情况以及未来增长预期。面试时我主要谈了三只自己长期关注的标的，并阐述了自己的分析思路，获得了面试官的认可，得以成为公募基金的研究员兼数据分析师。

公募研究员的经历为我打开了投资的大门

入职基金公司初期，我有机会在TMT和医药行业中选择其一为研究对象。一方面，当时TMT行业处于极度泡沫时期，一些在我看来业务规模小，甚至没有可持续性业务的公司，也拥有了大市值。在当时的背景下，我判断这个行业恐怕难觅投资机会。另一方面，医药行业刚刚发生了震惊业界的“7·22”临床数据核查①事件。行业监管部门正在正本溯源，行业也有望从乱到治。这意味着一些走正路的公司有望迎来

---

① 2015年7月22日，国家食品药品监督管理总局（CFDA）发布第117号文《关于开展药物临床试验数据自查核查工作的公告》，将对已申报生产或进口的待审药品注册申请开展药物临床试验数据核查，拉开了临床试验数据自查核查工作的序幕。

快速发展期，对投资来讲，同样意味着按正规的投研思路可以捕捉到投资机会。因此，在当时的背景下，我选择了医药行业作为研究方向。

研究员一做就是六年，至今我仍然觉得去公募基金是一个很正确的选择。

首先，公司的研究员、基金经理都是经历过几轮牛熊的投资老兵，还有一些从头部基金公司加入的同事。平时交流的过程中，我可以从中学到非常多的东西。

其次，公司的投研思路与我做个人投资者时的思路接近，属于价值成长型，不冒进追热点。这样我不需要过多调整自己的投资理念，也省略了从个人投资到机构投资的转型期。

再次，基金公司的研究能力比个人要强大得多。作为个人投资者，研究精力及深度有限，但在机构供职，有多名专业研究员仔细筛选，能从这个市场上挖掘诸多确定性高的机会。当时我们的基金规模不算大，研究的标的足够填满基金的仓位。虽然当时我作为从业人员，不能自己买卖股票，但是所幸我可以购买基金，也相当于购买自己的研究成果，这也让我对每天的研究工作抱有极大的热情。

最后，同时也是很重要的一点，虽然我从个人投资伊始，就建立了比较正确的投资理念，但从研究方法上来讲，个人投资者毕竟还是有局限性的。因此，应该说在公募做研究员的经历，对我投资生涯的影响是最大的。这期间是增加知识储备、训练投研思维、形成方法论的时期。公募基金的投研体系相对科班化、规范化，我在这里得以建立起一套完善的研究框架以及研究方法论。这于我而言，算是打开了一扇专业投资的大门，也为未来的工作打下了非常好的基础。

迎接新的挑战：兴趣作为驱动力，再大的困难也能克服

2021 年，我选择加入泓湖投资，担任基金经理，第一次尝试直接管理基金。相比之前的公募研究员，算是迈入了投资领域的新阶段。

在我看来，投研方法论上，公募与私募并无本质差异。相对而言，私募的管理制度更加灵活，投资决策流程会更快。同时，私募更加看重绝对收益。从排名上看，私募的排名压力相比公募小一些。但在市场下跌时，赎回压力会超过公募。

我由研究员转变为基金经理，身份的转变也让我迎来了新的挑战。一方面，我在担任研究员的时候，更注重证据的真实性和完整性，以及逻辑的可靠性。但我的研究成果并不一定直接转化为投资结果。因为不进行投资决策，所以相对来说，对行业间比较、估值水平、市场情绪、流动性等因素的体会要远弱于基金经理。另一方面，研究员并不对投资结果负直接责任，因此承受的压力也远小于基金经理。

作为基金经理，我对行业个股的分析、所做的投资决策，都会直接体现在基金净值的涨跌上。当我的研究成果得到了市场的验证时，它带来的成就感对我来讲是莫大的奖励。

回想进入投资行业这些年，我既有深度研究企业前景后进行投资，从而获得丰厚回报的时刻，也有因为过于看重低估值而导致投资失败的案例。这些经验和教训是我在投资路上的宝贵财富。

现阶段，随着投资经验的积累，我已经形成一个比较完善的投资逻辑。

主要投资方向：首先，选择投资在合理估值水平下、具有中型及以上规模、执行力强的企业；其次，选择技术上、方向上极具特色的中小企业；最后，在某些特定的泡沫时期，选择低估值企业，以尽量减少回撤。

主要回避方向：首先，回避同时具有大市值和高估值特征的企业；其次，回避技术上、方向上同质化严重的细分行业。

考虑到 A 股及港股高波动性这一特征，在某些时段，做一些较高频率的交易也是必要的。

当然，逻辑再完善，投资依然不可能做到百分之百正确。股价不是简单的因果关系，做投资要时刻面临不确定性。投资总会有判断失误的时候，因此要学会接受和面对错误。我最多允许自己沮丧 5 分钟，然后必须冷静地面对已经犯下的错误。2021 年 7—12 月，以恒生医疗保健指数作为基准，港股医药股整体已经连续大幅下跌了整整 5 个月，由于我的投资中以港股生物科技公司居多，在此期间有许多次买入即浮亏的操作发生。如果我陷入沮丧情绪无法自拔，投资管理工作就无法正常开展了，这是绝对不允许发生的。

一直以来，我始终认为，兴趣是第一导师。兴趣作为驱动力，再大的困难也能克服。对我来讲，选择投资行业的第一原因就是兴趣，只有兴趣与工作相匹配，才能更加乐此不疲地做下去，并持续进步。我目前的生活也主要是投资，每天基本在阅读资料、开电话会议、做模型、交易、外出调研中度过，充实且满足。

入市17年，我所经历的中国股市

不动如佛

投资笔记

市场是动态变化的，我的投资思路也是动态变化的，从“三低”选股法到“四高一低”选股法，再到量化选股，我的策略也随着市场的变化不断调整。

我主要通过价值策略的方式进行量化选股，选出多个行业的优质公司标的。在市场主线不清晰的时候，我选择分散持仓，追求与市场至少一致的投资收益；在市场主线清晰的时候，选择集中持股，重仓热点主线龙头标的；在重仓龙头标的趋势减弱的情况下，再次分散持仓；如此反复操作，以取得最大收益。

引言 @不动如佛是一位老股民，也是一位资深产品经理。他2004年开始接触投资，2005年开始购买基金，亲历了2008年股市的疯狂，也在2015年“股灾”时全身而退。他感受过股市中人性的恐惧，也见识过人性的贪婪。在十几年的投资生涯中，他不断进化自己的投资理念，从喜欢低股价、低市值、低估值的公司，到偏爱高质量、有成长性的公司，再到采用量化数据的方式进行选股，用机动、灵活的价值策略来应对市场。他在股市中从未感到疲惫，他喜欢分析产品、分析公司、分析市场。他喜欢投资，并把投资作为终身兴趣，对他而言，能够在股市中不断验证自己的想法是最大的犒赏，能够与人交流投资是最大的乐趣。

初识股市：一场牛市一场梦

我最早与投资结缘是在2004年左右。那时候我在北京上大学，利用课余时间打工，开始有了一定的积蓄。我最早的投资产品是工商银行的纸黄金，曾经在110元左右买入、180元左右卖出，享受了资本增值的福利；而后看着纸黄金涨到380元、480元，也感受到了资本市场的疯狂。

2005—2006年，基金投资成风潮。当时，老爸是一名狂热的基金爱好者。最疯狂的时候，他享受着一天几十万元的收益，以至于实业都不想做了，把股份全部卖出换成了基金。我就是从那个时候开始购买基金产品，憧憬着A股冲向8000点、1万点，复制当年中国台湾指数的奇迹。我每天去上课或者去打工的时候，都在地铁站领取报纸，看当日的大盘信息及基金净值和排行，把表现好的基金名称抄下来，等攒够一周的钱就去买。那时候，我啃着包子、挤着地铁、买几手基金，感觉自己的前途一片光明。

2007—2008 年，先是原油价格不断上涨，后是美国次贷危机引发的一拨跳水。上证指数上涨至 6400 点，然后大跌至 5300 点。我陆续赎回了基金，每次回家都跟老爸探讨股市的底在哪里？是 3600 点、3400 点，还是 3200 点？老爸依旧保持着 8000 点的信仰和狂热，认为股市调整后还会再创新高，结果后来损失惨重，每天都睡不着觉。我也在 3000 点抄底、2800 点抄底、2600 点抄底，一直等到了 1664 点。

老爸重新干回了实业，而我在分析基金损失惨重的原因时，重点关注了股票型基金的持仓比例以及仓位构成。我认为，股票型基金之所以在大熊市损失惨重，是由其产品 90% 以上股票仓位的设置导致的，即便所有股票下跌，其持仓也不能低于 90%，缺乏仓位调整的灵活性是造成股票型基金大跌的最主要原因。这是我当时的认知，而后觉得，与其将资金交给僵化的基金产品，不如自己选择股票、随时买卖，用灵活、机动的战略和战术在股票市场获取更稳健的收益。

2008 年的大熊市，不仅使我认识到股市的残酷，也使我认识到基金的局限性。于是，自己选股的投资生涯开始了。

“三低”选股：我赚到第一桶金

在股市火热时，我能抽身而出；而在行情低迷时，能意识到其中蕴藏的巨大机会。这两点似乎是我的天赋。

在 2009 年年初，面对全市场 1 元、2 元的股票，我看到了巨大的机会。当时我在买房和买股之间犹豫不决，最后还是重仓了股票。我重仓了一只不到 2 元的股票——中国服装（股票代码：000902，现称新洋丰）。该股的价格在很短的时间就从 2 元涨到了 4 元，我卖出最后一笔时是 8 元，后来涨到 20 多元。

我总结了当时选股的逻辑，即“三低”选股法——低价格、低市盈率、低市值。在整个大熊市，A 股整体的资金面低迷，而“三低”选股法恰恰迎合了少量资金的热点打法。低市盈率代表了一定的安全边际，低价格和低市值确保了散户和游资能够更好地抬“轿子”。而当时的大蓝筹被称为“大烂臭”，原因是消耗的资金太多且无法获得长期、大幅的增长。“三低”选股法让我在 2008 年后的大熊市中，不仅弥补了之前的损失，而且获得了不菲的收益。

一场牛市：我选择落袋为安

2015 年上证指数上涨至 4800 点时，很多券商和大媒体开始叫嚣 5000 点、6000 点。我仿佛又一次回到了 2006—2007 年大众欢呼 8000 点的时刻。我认为当时的状态，肯定无法与 2005—2006 年的大牛市相比，必然不会上升至 6000 点，而 5000 点应该就是大资金跑路的安全点。所以，我选择在 4800 点离场，将收益落袋为安。

经历过这一切，我形成了两个正确的认识：一是不要相信券商和大媒体在高点时的唱好，二是不要轻易相信股市底部的到来。所以一直到上证指数跌破 3000 点，我都没有抄底。2016 年 2 月，随着新春的到来和楼市的火爆，我感觉新一轮牛市到来了。

我依旧延续“三低”选股法，重仓的有山鹰纸业、山东黄金、永辉超市、光线传媒、金隅集团、英科医疗，中途陆续买过海天味业、晨光文具、新希望、舍得酒业等。从2016年至今，我虽然实现了超过10倍的收益，但是错过了所谓的“核心资产”，例如贵州茅台、海康威视、中国平安、格力电器、牧原股份等。

2019年时，我反思自己在小市值投资方面错失的很多机会，逐步抛弃“三低”选股法，转而选择“四高一低”选股法——高ROE、高营收增长、高利润增长、高现金流、低负债，并开始使用量化技术的方法筛选出优质的股票。

与时俱进：优化投资思路和风格

市场是动态变化的，我的投资思路也是动态变化的，从“三低”选股法到“四高一低”选股法，再到量化选股，我的策略也随着市场的变化不断调整。

我主要通过价值策略的方式进行量化选股，选出多个行业的优质公司标的。在市场主线不清晰的时候，我选择分散持仓，追求与市场至少一致的投资收益；在市场主线清晰的时候，选择集中持股，重仓热点主线龙头标的；在重仓龙头标的趋势减弱的情况下，再次分散持仓；如此反复操作，以取得最大收益。

简单地讲，我的操作思路就是质（公司质量）与势（资金趋势）并重、分散（行业分散、标的分散）与集中（行业集中、标的集中）并行。我的目的是保持有生力量（资金）的生存与活跃性，不在乎一城一池的得失。判断错误就及时止损，判断正确就加大筹码；大的胜利是由小的胜利带来的，而小的失败如果不被阻止可能会导致更大的失败。

价值投资保证我投资的标的公司都是优质的，具有充裕的现金流和成长性，使得我的资金有很好的安全边际，即便短期没有获利，长期来看也是稳赚不赔的。灵活机动保证我的资金可以被有效使用和实现超额收益。即便大盘下跌，我也可以取得正向的收益；而大盘企稳或上涨时，我可以取得高额的收益。

能够不断地修正自己的投资理念，和我从事产品经理这一职位有关。产品经理最重要的几项工作，就是分析市场、分析赛道、分析竞品、分析产品。作为一名产品经理，我热爱我的职业。我痴迷于好的产品，痴迷于分析它们所处的市场环境、竞争格局，也痴迷于找到这些优秀产品的核心价值和竞争力。这种抽丝剥茧的思维方式，让我能够在做投资时不断探索很多未知的东西，尤其是很多耳熟能详的产品背后的逻辑。

综观牛熊：人性永远是疯狂的

作为一个十几年的老股民，我见证了多次股市大狂欢，感触最深的还是人性的疯狂。

永远不要低估人性的恐惧，“熊市不言底”就是这个意思，真正的战略性机会需要等待，而且有时候需要等待很长时间。所以，不加杠杆、永远留有有生资金是投资的必备要领。永远不要低估人性的贪婪，

“牛市不言顶”就是这个意思，遇到战略性机会要好好把握，就像是鳄鱼咬住了飞机，只要飞机没有停的迹象，就永远不要松口。所以，多开几个账户，有几个忘记密码的账户至关重要。

市场在任何时候都有机会，就看你怎样选择和把握。投资者不要带着偏见的眼光去看待市场，不要因为它一直不涨就以为没有机会（如比亚迪和中远海控），要找到与市场共振的机会，能改变的不是市场，而是自己的认知。

投资旅程：孤独与喜悦

投资最孤独的事莫过于自己选择的股票大涨，而听到的人却无动于衷。这是没有办法的事情，绝大多数人只会用涨跌去评价公司的好坏或者投资的好坏，而很多时候投资时机却恰恰相反。

投资最开心的事当然是自己的观点和结论得到验证。人类最伟大的智慧是预测未来。虽然预测股票的涨跌只是预测未来中很小的一部分，但是一旦得到验证，就会觉得自己获得了智慧。智慧才是我们追求的终极目标，不论是对过去信息的收集、对现有因素的分析，还是对未来的判断，都是在验证我们是否得到真正的智慧。

在股市中，还有一件让我觉得非常骄傲的事情，我的父亲曾经是股市的受害者，而我可以自豪地告诉他：“你在股市损失的，我已经几倍地给你赚回来了。”

一路同行：永远不要低估大师的智慧

我最喜欢的投资大师是巴菲特、芒格与彼得·林奇，他们的智慧总能给我带来很多的力量，而且他们的理念也解决了投资中最根本的三个问题。

沃伦·巴菲特解决了投资信念的问题。他对投资的执着、热爱和长期坚持确实值得我们学习。他从小就开始买股票，一直到 90 多岁，是一个对股票最长情的人。巴菲特的实例告诉大家，投资是可以赚钱的，是可以当作一项事业去做的。这解答了股市的根本性疑问：股市究竟能不能赚到钱？股市究竟值不值得投入精力、时间和金钱？巴菲特告诉我们股市是可以赚到钱的。如果赚不到钱，那是因为我们的投资理念和方法不对，而不是股市不对。只要我们不断学习、不断改进认知，总有一天可以和股市同频共振。

查理·芒格解决了投资理念的问题。价值投资不是“捡烟蒂”，不是选择那些没有成长性、被大家厌恶的股票，而是用合理的价格买入一家优秀的公司。投资，是与优秀的公司、领导人、团队、产品一起成长。怎样选择优秀的公司，是投资理念的核心问题。

彼得·林奇解决了投资实践的问题。彼得·林奇在《战胜华尔街》一书中总结了其连续 13 年战胜市场的三个主要原因：比别人更加吃苦，比别人更加重视调研，比别人更加灵活。书中有很多的案例我至今记忆犹新，对我的启发很大。比如，边逛街边选股，我学到了在自己的厨房选股，买入海天味业、舍得酒业、张裕 A、海底捞、呷哺呷哺等；比如，小孩比基金经理更会选股，我学到了要向孩子和妻子学习，买入特斯拉、爱美客、华熙生物、哈三联等；比如，周期股反着买，我在2018—2019年买猪肉股，而现在完全不碰猪肉股；等等。

投资感悟：坚持下去很难吗？

有人会问我："你做投资这么多年，要坚持下去很难吗？"在我看来，投资很难，唯一能让你坚持下来的理由只有一个，那就是从投资中不断地赚到钱。多数人能坚持投资的原因不是理想，而是它极致的实用。

投资者如何在艰难的股市中坚持下去？唯一的办法是：在股市中赚到钱，持续地赚到钱，并且赚到越来越多的钱。你如果还没有达成这个目标，就不断地修正自己的投资理念、策略和方法，从而做到与市场一致。

但切记不要在错误的路上越走越远，你如果在股市不仅赚不到钱，还亏钱，并且亏得越来越多，那么应该做出的决策是尽快离开股市，越快越好。找到一个能让你赚钱、持续赚钱、持续赚到越来越多的钱的事情，然后坚持做下去，才是生存之道。

对于初入股市的人，我想说：

首先，永远不要以赚钱为目的去做一件事情，赚钱的事情很多，不一定选择股市。选择一件即便已经实现财富自由也喜欢去做的事情，以终为始，想要达到的目标就是应当开始的地方。

其次，如果股市是你的宿命，是你的起点，也是你的终局，那么欢迎和我这个老股民一起，享受投资的快乐，即便有痛，也是快乐的。

在主业中奋进，在理财上求稳

六亿居士

投资笔记

我的投资理念归纳为“稳四手”。

稳一手：通过选配优秀指数，免去择股之忧，解决看不清企业的问题。

稳二手：判断估值，提高胜率，解决看不清价值的问题。

稳三手：使用低估定投，尽可能把握机会，解决胡乱操作的问题。

稳四手：制订理性计划，做好长期准备，解决拿不住的问题。

引言 人生匆匆，转眼他已年近不惑。作为两个孩子的父亲，他开始思索应该给孩子们带来怎样的人生经验？“在主业中奋进，在理财上求稳”的基础价值观是他找到的答案。作为一名普通创业者，他对市场中每一家上市企业都心存敬畏，简单的6位数字代码背后是一群优秀的人经过几年甚至几十年如一日的努力才有的成果。他认为只有平稳生存于市场，才有机会继续成长。

一台电脑，开启了我的人生

20世纪80年代初，我出生在浙江的一个农村。高一暑假，由于期末考试成绩出色，老爸奖励我一台电脑，于是我以学习为名，大玩各类策略游戏。由于学业繁忙，我无法痛快地玩游戏，于是一头扎进图书馆，从书中寻找真英雄，这也为我后来爱好历史奠定了坚实的基础。

我大学就读于计算机专业。大学时期，我结合电脑技术和历史爱好，开始了漫长的个人站长生涯。当时与我交换网站链接的有游侠网、艾泽拉斯国家地理、游戏人的家、三国联盟等站点。我在《电脑报》《大众软件》等报纸杂志上也偶有文章发表，因技术在手，赚了点小钱。

毕业后我正式开启了互联网民工生涯。得益于大学时期个人站长的经验与技术积累，也得益于彼时的互联网行业的快速成长，我的职业生涯很顺利。工作8年后我开启了创业生涯，至今正好十年。但因为能力有限，创业成果一般，民营互联网小企业能存活十年，是我唯一的成绩。

对于前半生，我最感谢我的父亲，以及他送的那台电脑，是它开启了我的互联网人生，并有幸进入了一个快车道。

《穷查理宝典》，为我打开一扇窗

我是典型的“理科男”，早些年并没有很强的投资理财意识，虽然在2008年就注册了证券账户，但那时的操作更多是“瞎来”。交了一些“学费”后，我对股市敬而远之。

随着创业的推进，我自然而然地接触到投融资知识，虽然不成体系，但一些常见的基本理念，在实操中已经渐成雏形。即便如此，那时的我对于二级市场的投资，还是有一些云雾缭绕的感觉。虽然能大致看懂财报，但写过财报的我知道，财报仅仅是一张纸，一家公司优秀与否，有太多其他的要素。一级市场，只要我看好创始人，可能就会投资，但二级市场始终不得其门。

此时，贤内助帮我打开了一扇窗。

若干年前的某一个傍晚，我的夫人给我推荐了《穷查理宝典》。当时她说：“这本书很适合你，虽然我看不懂投资理念，但这个倔强的智慧老头的性格，你一定会喜欢。”我确实惊讶于这个老头的智慧和性格。我的性格确实跟查理有相似之处：理性、固执、忘我，对孩子要求很严格。

于是我一路看了过来，诸如启蒙书籍《富爸爸，穷爸爸》，跟孩子一起看的《小狗钱钱》，专业书籍《聪明的投资者》《巴菲特致股东的信》《战胜华尔街》《共同基金常识》《时间的玫瑰》《价值》《文明、现代化、价值投资与中国》《安全边际》《投资最重要的事》等。至于其他经管类书籍，我也看了很多，诸如《卓有成效的管理者》《原则》

《费曼学习法》《定位》《灰度决策》《灰犀牛》《黑天鹅》等。这是人生的一次财商补课，虽缺了很久，但为时不晚。

下半生，我感谢我的夫人和她推荐的《穷查理宝典》，这本书带我进入了人生的慢车道——价值投资。

本业开源，投资增益

作为一名普通的创业者，我对市场中每一家上市企业都心存敬畏。简单的6位数字代码背后是一群优秀的人披荆斩棘、一路成长，最终才有资格跻身资本市场。然而它概括不了企业的好坏，即使长达几十页、上百页的财报也很难完整地反映企业的优劣。作为一个普通的二级市场投资者，受限于能力与认知，我们想要准确地看清楚某一家上市企业很难，更别说“与企业共同成长”。

所以，我需要寻找一个投资体系，尽可能地解决投资道路上遇到的困难。对普通人来说，本业才是开源之本，投资则是增益，在投资理财上不落后于大部队，便是胜利。只有平平稳稳地生存于市场，才有机会继续成长，贪功冒进的结果无非早亏或晚亏。亏钱是其次，投资者如果因此丧失投资理财的信心，错失学习进步的机会，谈“股”色变，以为资本市场是赌桌，那真是亏大了。

我的投资理念：“稳四手”

投资数年来，我建立了自己的投资体系。

稳一手：通过选配优秀指数，免去择股之忧，解决看不清企业的问题

我采用的是低估定投指数基金的“保底方案”。因为我明白，我既不具备查理·芒格那样的认知，也没有他背后的顶尖分析团队，更没有充分且准确的信息与数据来源。我如同一个盲人，游弋在资本的海洋里，以我有限的能力，最终只能成为别人口中的食粮。

指数基金，尤其是宽基指数能较好地解决看不清企业的问题，既然很难看清楚一个企业，那就把所有优秀的企业打个包一起买。这样投资“一揽子优秀企业”的方式，最大限度地降低了黑天鹅风险，而且指数优胜劣汰的机制，也能让投资对象长青。当然因为指数的分散属性，也不可避免地降低了整体收益率。

我的目标不是通过投资实现财务自由，而是通过投资实现财富的稳定增长。8% ~12% 的年化收益率已经足够，人要有自知之明。

于是我搭建了“宽基与行业搭配，国内与国外齐飞”的投资框架，以优秀宽基指数为根基，以优秀行业指数为攻击型配套，以红利、价值、基本面、低波动等策略指数为防守型配套。

稳二手：判断估值，提高胜率，解决看不清价值的问题

选择了指数基金这个投资工具，接下来的核心问题是：买什么？何时买？我使用了两个简单的办法：

一是根据指数的历史 ROE 判断其成长性。在漫长的经济发展过程中，指数 ROE 基本代表了该标的的成长性，也在一定程度上确定了投资该指数将会获得的收益率。基于 ROE 选择的优秀指数，决定了未来整体的收益预期。所以我以 ROE 作为基础指标，并认真分析该指数的其他指标，进而在众多指数中选择符合自己收益预期、风险偏好、投资周期的指数标的。

二是分析指数历史估值，判断其投资价值。不是所有的车，都能开到终点。指数基金同样如此，基于我积累的互联网工具使用经验，我试着找了一些第三方数据量化网站作为参考，建立了不同指数的低估、高估判断阈值。我通过判断指数估值，选择低估指数定投，把核心指标的 20% ~30% 作为安全区间，并辅助其他指标的判断，尽可能避免了波动，大幅提高投资的胜率。毕竟价值回归只会迟到，不会缺席。

没有一个估值方式能完全准确地说明不同指数的“高低贵贱”，指数估值受限于数据源、统计时长、统计方式、数据更新等因素，并且不同类型、不同行业的指数，还需要综合多种指标进行衡量。但整体来说，模糊的正确好过主观的判断，估值是投资的基石，不可不察。

稳三手：使用低估定投，尽可能把握机会，解决胡乱操作的问题

定投这个理念得益于诸多定投前辈的分享。一开始投资指数基金时，我并没有采用严格的低估定投方法，更多的是遵循“今天机会不错，买一点”的随意逻辑，随意买带来的主要是资金管理问题和仓位管理问题。

我常常因受到外部影响而影响实际操作，“子弹”常常莫名其妙就被打完了。后来在系统地学习了低估定投方法之后，我严格设计了各种投资表格和工具，把自己的贪婪和恐惧扼杀在规则中。

低估定投一定不是最具性价比的方法，如果有能力择时，我相信会有更高的收益率。只是作为一名普普通通的“韭菜”，我没有判断市场时机的能力，只能尽可能地把握机会。

稳四手：制订理性计划，做好长期准备，解决拿不住的问题

投资高手最擅长的就是潜伏多年，伺机搏杀“猎物”，咬住后不达目标不松口，这非常考验投资者的耐心与毅力。作为普通投资者，我显然不具备这个能力，于是设计了家庭资产配置表、指数基金选择池、资金使用分配表、定投阈值及执行表、指数基金估值表、指数基金对比表、指数基金定投演示表等一系列表格。

这是我玩策略游戏时积累的经验，把所有资金当作士兵，严格规定了每一个“士兵”的出场顺序和使用目标，严格分配了每一支“部队”的战略目标和战术目标。我通过使用“股债搭配”，降低金融资产整体的波动性；通过使用“指数搭配”，降低权益类资产的波动性；通过使用“资金规划”，做好资金安排，不到时间不出手。

有投资经验的朋友都知道，满仓盼涨、空仓求跌，是“屁股决定脑袋”的情绪。投资者如果管理好资金和仓位，就能在很大程度上减少自己的情绪波动。因为价值回归不是请客吃饭，本质上是别人的亏损增加了你的收益。你只有耐着性子当一个合格的丛林猎人，才有机会猎取美味的野物。

投资行为是一个人三观最真实的体现

我只是普通投资者中渺小的一员，并非高手，更非专家，是一个有一定互联网行业经验的指数基金投资者，投资的基础框架也是仰仗指数基金领域诸多的先贤前辈。

我讲不出多少大道理，借用儒家真言：修身、齐家、治国、平天下。这是我人生努力的方向，对于投资，同样有效。人生匆匆，转眼已年近不惑，作为两个孩子的父亲，我也会思索，应该给孩子们带来怎样的人生经验?

我希望我的孩子们看到这些文章时，也能学会“在主业中奋进，在理财上求稳”的基础价值观。投资如人生，投资行为是一个人三观最真实的体现，一步步来，一口可吃不成胖子。人生的每一步都很重要，需要我们脚踏实地，如定投一般，慢慢领悟、慢慢改善、慢慢变富。

我也希望孩子们明白，投资只是生活的一部分，一切投资都应该以服务生活、改善生活为目的。通过投资，我们切切实实地成长了自我、改善了家庭、回馈了社会，虽然上升不到治国平天下的高度，但力所能及地帮助周围的人，也是人生幸事。

我会继续发挥在互联网行业积累的经验，以数据为基础，用图表做展示，用我浅薄的认知、偏颇的观点、稚嫩的技巧和万分的真诚去写好文章，讲好指数基金投资。

最后，送给投资新手两句话：

第一句话，别轻视低估定投，它是普通投资者的入门良方。

通过低估定投，我们能建立良好的投资习惯，积累有效的投资经验，学会基础的投资常识。

第二句话，别高估低估定投，低估定投只是投资入门及格线。投资者学会低估定投技巧之后，不应该就此止步，应该根据自身的需求、时间、能力，积极地开展后续的学习，进一步探索其他投资工具，实现更高的收益率。

投资，是我为人生开的一扇窗

我能逆袭

投资笔记

我的投资体系可以归纳为：通过多个指标计算得出仓位指标，乘以不同的指标修正系数得出适用于不同风险偏好投资者的合理仓位，用于指导偏股基金仓位布局，当合理仓位变化幅度达到10%以上，方可实施一次操作，其余仓位配置债基。

我的选基方法可归纳为：在正常情况下，选择“三好学生”；在市场风格严重分化时，还可以选择“偏科生”。

引言 如果命运没有眷顾你，让你出生在贫困的家庭，接受落后的教育，在成长的路上全靠自己摸索，你会怎么办？

一路走来，他有很多跌倒的时刻，但每一次他都选择重新站起来，相信自己能逆袭！即使家庭背景和经历会影响他的性格，即使在2020年他才开始接触投资，但在这条路上，他选择了逆袭的模式。浓厚的兴趣、夜以继日的钻研，让晚起步的他更快建立自己的投资体系，这是不惑之年的他为人生开的一扇窗。

曲折坎坷中，一路走来，想得最多的就是如何逆袭

我出生于北方的一个农村，父亲原本是供销社职工，衣食无忧，但随着父亲的下岗，家里的条件一下子从乡里最好变成了最差。父亲没有受到幸运之神的眷顾，他高中还未毕业就进了供销社，既没有考上大学，也没有早早学门手艺或者出去闯荡，下岗之后开了个百货店，但又不是那块料，最终以务农为生。而我们那里土地贫瘠，种地基本看天，家里的条件也是每况愈下，连普通都称不上。父亲把他的希望都寄托在我的身上，我一直都是他的骄傲。

上学期间，我不断克服客观环境带来的困难，家里负担不起我到县城读初中，我就在乡里的初中拼尽全力，考入了我们地级市最好的学校，但可惜只是普通班。高考填志愿，父母不懂，我也不了解，班主任答应帮忙填报之后却爽约。我自己填报，没有弄明白网报调剂的规则，导致被一个冷门专业录取。复读一年，那年高考中我不擅长的物理考卷很难，最终我只超出一本线35分，上了本地的末流211。大四的时候，我以年级第四的成绩保研到专业排名全国前五的一所老牌土木院校，算

是我求学阶段不断逆袭的成功收获。

研究生期间，由于本科学校专业实力不够出色，我从被导师怀疑能力，到逐渐赢得导师信任，其间经历了非常多的艰辛。毕业时，我思来想去，最终选择回到家乡的一所甲级设计院工作。因为对我而言，亲情相比自身发展更为重要。如今工作近6年后，我逐渐意识到眼下的工作虽然暂时饿不死，但行业景气度下行，业内竞争日益激烈，单位效益也江河日下，让我感觉到如芒在背。

如今步入了投资的大门，我希望能够有所收获。

性格谨慎，犹犹豫豫才迈进投资的大门

一个人的家庭背景和经历会影响他的性格，我就是一个典型的例子。从小到大，我想的首先是不能变差，其次才是怎么变好。大学期间有的同学开店创业，但这类事情不可能发生在我的身上，不是因为我不愿意尝试，而是因为我实在亏不起，所以我不能将自己置于风险中，必须尽可能让事情在我的掌握之中。这样的性格也贯穿于我后来的投资。说到这里，就不得不提我是怎么进入投资这个领域的，因为其实投资的风险更大。

2020年以前，我对投资几乎一无所知，按我的性格，我也不会与它产生什么关系。2019年年底，我第一次从媳妇儿那里听到了“基金”这个词，她鼓励我学习理财，说网上有人搞投资收益挺高的，比银行理财产品好很多。

我当时的回复非常简单：哪有那么好的事，都是骗人的。

这件事也就不了了之。更要命的是，媳妇儿陆陆续续把 20 多万元分批存入了 1 年定期的理财产品，年化收益率 4.88%。这个决定几乎让我后来拍断大腿：在千载难逢的投资良机中手头没钱。

后来新冠肺炎疫情暴发，我们在我父母家过年，被封闭在了那里。她第二次向我说起了基金理财的事情。我当然还是很反感，但架不住她没完没了地念叨，再加上闲来无事，于是我在网上查了查，开始了解基金、定投……

和上学期间一样，我习惯抽丝剥茧，就这样一发不可收拾了。经过几天的了解之后，我得出了一个结论：这不是骗人的，这是很有技术含量的一件事，只要有体系、有原则、有方法，风险是可控的。

而且我意识到我适合干这个！高考填报志愿时，我选择土木工程最主要的原因就是，我希望未来能立足于技术，论家境、人脉、财力，我都不占优势。而理财和土木工程有相似之处——只要自己有本事，没有人能阻止你成功。

持续钻研，形成一套完整的投资体系

刚开始我和大多数人一样，喜欢折腾。

通过读一些入门书籍，我接触到了定投，便迫不及待地买入一大把“低估”的基金。投了一个月左右，我感觉非常枯燥，而且有一种做无用功的感觉（当时没有深刻理解定投，现在的我不反感定投，但我坚持认为我的仓位控制体系能取得更高的收益）。随着认知的加深，一个疑问浮现在我的脑海，为什么不把钱尽量在低位投出去呢？只要能判断大盘的位置不就可以了吗?

经过钻研，我首先选择的就是证券化率这个指标，并制作了一个非常简陋的表格，用来计算证券化率（其实有些软件可以直接查，但当时我不知道），并根据证券化率分配仓位。

这项工作最大的作用在于，通过计算，我得出结论：当时（2020年3月中旬）就是重仓的机会。我大概从3月10日开始，一直买，买到3月20日左右，几乎把手里仅剩的3万元（拍断大腿，如果那20多万元不存定期，我至少多赚8万元）都买了进去。我清晰地记得，在买入最后一笔基金那天，刚好是项目现场验收，我在工作休息的间隙，把最后一点钱买了进去。当时心里是有一点忐忑的，因为美股好几次熔断，巴菲特都公开表示自己没有见过这种情形，市场情绪非常差。但是我首先相信指标，从历史来看，这种时候就是机会；另外，别人贪婪我恐惧，别人恐惧我贪婪，这句话也提醒我不要害怕。事后来看，我基本上买在了底部。

这也是我经常强调散户要有体系的原因。有了体系，我们只需要关注指标本身，一切操作都基于指标在历史上呈现的规律，这会让我们更加理性。

初战告捷，这批基金的成功买入给了我非常大的信心，让我知道我走的路是正确的。但这个时候体系简陋的弊端也显现了出来。过了几个月，随着大盘上涨，指标迅速下降，甚至在6月就迅速降到三四十，要知道当时上证只有2800点、2900点。

我质疑证券化率这个指标过于保守，于是萌生了一个想法：把几个指标综合起来，即便某个指标不准确，也还有其他指标。于是，我把股债收益差、市盈（净）率、股息率一并考虑在内，重新制作了一个新的表格。制作过程印证了我的判断，股债收益差是最靠谱的一个指标，证券化率太保守，市盈（净）率太激进，股息率参考意义不大。于是我将股债收益差作为基石赋予最大权重，证券化率和市盈（净）率权重略小些，且相近一些，起到互相中和的作用，股息率只给5%的权重。这个体系基本奠定了我基金投资的基础。

同时，结合自己的性格和风险偏好，我在体系中引入指标修正系数，因为不同风险偏好的投资者不能参照同一个指标，所以应该选择与自己风险承受能力相匹配的修正系数进行修正。同样，你也要摸清自己的风险承受能力，进行指标修正，别人帮不了你。

2021年2月，市场抱团情绪高涨，甚至有人喊道茅台的股价会涨到6000元，我感觉手里的成长风格基金风险很大，远比仓位指标显示的要大，这是由于成长和价值风格分化极为严重，受价值风格平均，市场整体可能还好一些，但是单拿出来，那些以大盘成长风格为代表的抱团股的泡沫非常大。而我手中的基金以成长风格为主。我意识到不能再拖了，果断全部清仓。这次操作非常完美，大部分都卖在了顶点。

这样的行情下，我认为更加凸显防守的重要性，思考后决定组合风格切换为以价值风格为主，超配银行。但我没有料到地产“暴雷”，带崩银行，最终2021年收益率只有7.3%，不及我的预期，同时错过了新能源的行情。好的地方在于2021年2月抱团股崩盘对我产生的影响很小，同时侧重价值风格的策略延续至今，在2022年也贡献了不少超额收益，2022年只亏了3%。

这段经历过后，我意识到风格固然难以判断，但我需要在极端的时候有所分辨，因为成长和价值相差不多的情况下，判断风格难度巨大且意义不大，但在二者显著分化的情况下，判断风格是有意义的。

2021 年我高位精准清仓其实是有一定的运气成分的，我需要找到更可靠的依据，于是我制作了成长/价值变化曲线。这条曲线显示自 2021 年起，成长风格就处于 10 多年来的高位，这也是我一直坚定侧重价值风格的原因。

与此同时我发现，如果 2020 年我的选基能力更进一步的话，当年的收益率提升 10 个百分点并不难，收益率很可能会达到 60% 以上。当时选基主要是根据基金评级和基金经理的名气，现在看来都是平庸的选择。

经过实践，我形成了一套自己的选基方法，我将目标锁定在两类基金经理身上：第一类，我将其看作“三好学生”。这类学生在历史上每个阶段都必须发挥出色（跑赢同类平均），我相信过去一直出色的，未来大概率也出色。同时，他不能取巧，例如，我会剔除那些行业过于集中的基金经理，我无法判断他在未来还能否继续押中行业。基金规模我会限定在 100 亿元以内。第二类，我将其称为“偏科生”。这类学生过去发挥失常，但情有可原，因为考题是他不擅长的，一旦题目变成他擅长的，他不会差的。这类基金经理在市场风格高度分化时完全可以考虑。

2022 年，上年不及预期的银行基金开始有所表现，我的实盘最大回撤只有 11%。当下我的持有逻辑非常简单，2022 年 3 月某一周的仓位指标是 46，我是高风险偏好，修正系数取 2，合理仓位为 $46 \times 2 = 92$。我目前持有 4 只偏股基金，但仓位在 90% 左右，债基占 10% 左右。除根据仓位指标调控仓位外，超配的两只银行基金，我会以兴业银行转股价以及银行指数月线 MACD 作为参照物执行交易。另外，当成长风格从历史高位降下来，不那么离谱的时候，我会增加成长风格的比例。

我的投资体系可以归纳为：通过多个指标计算得出仓位指标，乘以不同的指标修正系数得出适用于不同风险偏好投资者的合理仓位，用于指导偏股基金仓位布局，当合理仓位变化幅度达到 10% 以上，方可实施一次操作，其余仓位配置债基。

我的选基方法可归纳为：在正常情况下，选择“三好学生”；在市场风格严重分化时，还可以选择“偏科生”。

两次比较差的操作给我的启示

2021 年清仓成长风格基金后，我转为价值风格，买入嘉实价值精选和中庚价值灵动。

我买入嘉实价值精选后，在持仓过程中感到非常奇怪，这个基金选中的股票总是行业中特别差的，一只也就算了，很多只都是如此。而且这只基金尽管 2021 年在价值和成长风格之间来回切换几次，但是不论在哪种风格下，都表现得像一潭死水一样。很长一段时间内，多次出现日内实际涨跌幅严重低于估值（调仓失败的表现），最终我进行了换仓。这笔操作告诉我，应该完全相信自己的判断，哪怕错也要错得明明白白。

选择中庚价值灵动是个非常容易的决定。当我决定侧重于价值风格后，经过研究，基金经理丘栋荣就进入了我的视野。这只基金 2021 年为我贡献了接近20%的收益率。我的失败在于自作聪明。当时我判断基金重仓股富满电子风险非常大，受此影响基金很可能短期出现调整，难有好的表现，于是进行了止盈。事实证明富满电子当时确实在高位，但我能判断出富满电子泡沫大，丘栋荣就更清楚不过了！当时丘栋荣进行了减持，加上组合内其他股票表现良好，基金业绩几乎没受什么影响，后面继续上涨了一拨。这笔操作告诉我，既然选择买基金，就老老实实把基金经理选好，不要越俎代庖。

不断尝试，坚守本心，一切顺其自然

从2021年起，我尝试了两件事：一是股票，二是自媒体。

尝试股票的原因在于，我想看看自己能否取得比基金更高的收益，因为股票的上限更高，当然下限也更低。我给了自己3年时间，2021年是第一年，2022年是第二年。2021年我跑输基金4个点，2022年跑输基金5个多点。如果我最终判断自己在股票上没有天赋，我会老老实实回到基金上来。

尝试自媒体的原因在于，我想看看自己能否增加一些额外的收益，充实一下本金。2021年小孩出生，媳妇儿辞职在家，目前家庭收入和支出基本相抵，没有增量资金，60万元的资金还是有些不足。

我始终秉持一个理念：我是怎么想的，就怎么做；我是怎么做的，就怎么说。我日常会发实盘作为验证，也是对读者的尊重。在我看来，做自媒体，人品很重要，水平也很重要，二者缺一不可。不坑读者是我的底线。通过实盘表现证明自己的诚实与能力，赢得读者的信任和支持，是我的期望。

我的全部投资经历其实只有2年2个月，即便有人称我为新手，我也不会反感。但是我也不会妄自菲薄，我清楚过去两年多我付出的努力。投资对我来说并不复杂，特别是基金，我更加游刃有余，就像机器人一样，按照这套体系机械地执行。我始终相信一点，投资领域花里胡哨不一定有效，“一招鲜，吃遍天”是更实际的。

未来我的目标很简单，再过10年，我41岁的时候，将手里的60万元变成180万元，年化收益率11.6%。我相信正如我的雪球ID那样：我能逆袭！

最后，送给读者朋友们一句话：投资一定要有章法。

品故事、学投资，开启滚雪球人生

《中国私募基金经理风云录》

《投资改变人生：那些滚雪球的人》

《投资改变人生：那些滚雪球的人（第二辑）》